UNIVERSITY OF NORTH CAROLINA AT CHAPEL HILL
DEPARTMENT OF ROMANCE LANGUAGES

NORTH CAROLINA STUDIES
IN THE ROMANCE LANGUAGES AND LITERATURES

Founder: URBAN TIGNER HOLMES

Distributed by:

UNIVERSITY OF NORTH CAROLINA PRESS

CHAPEL HILL

North Carolina 27514

U.S.A.

NORTH CAROLINA STUDIES IN THE
ROMANCE LANGUAGES AND LITERATURES
Number 186

DEFFENSA DE LA POESIA

A 17TH CENTURY ANONYMOUS SPANISH TRANSLATION
OF PHILIP SIDNEY'S 'DEFENCE OF POESIE'

DEFFENSA DE LA POESIA

A 17th Century Anonymous Spanish Translation of Philip Sidney's 'Defence of Poesie'

BY

BENITO BRANCAFORTE

CHAPEL HILL

NORTH CAROLINA STUDIES IN THE ROMANCE
LANGUAGES AND LITERATURES
U.N.C. DEPARTMENT OF ROMANCE LANGUAGES
1977

Library of Congress Cataloging in Publication Data

Sidney, Philip, Sir, 1554-1586.
    Deffensa de la poesia.

    (North Carolina studies in the Romance languages and literatures;
no. 186)
    Transcription of the ms., 3908, in the Biblioteca Nacional, Madrid.
    1.   Poetry — Early works to 1800.   I. Brancaforte, Benito.   II. Title.
III. Series.

PN1031.S6518 1977   809.1   77-24384
ISBN 0-8078-9186-X

PN
1031
S6518
1977

I. S. B. N. 0-8078-9186-X

IMPRESO EN ESPAÑA
PRINTED IN SPAIN

DEPÓSITO LEGAL: V. 2.516 - 1977   I. S. B. N. 84 - 399 - 7353 - 5

ARTES GRÁFICAS SOLER, S. A. - JÁVEA, 28 - VALENCIA (8) - 1977

CONTENTS

A
Andrea Stefania

INTRODUCTION

The literary importance of Philip Sidney and the extreme rarity
of any translations from English to Spanish during the sixteenth
and seventeenth centuries[1] justify in my view the presentation
of this edition, *Deffensa de la Poesia,* which is based on the manuscript of an anonymous Spanish translation of Philip Sidney's
Defence of Poesie.[2]

---

[1] The reverse is, of course, not true. Translation or adaptations of
Spanish masterpieces, from *La Celestina* to *Lazarillo,* from *Guzmán de
Alfarache* to *Don Quixote,* are frequently made in England. For an account
of the influence of Spanish literature on England, see the classical works of
John Garret Underhill, *Spanish Literature in the England of the Tudors*
(London, 1899); Martin A. S. Hume, *Spanish Influence on English Liter-
ature* (Philadelphia-London, 1905). A more recent study has been provided
by Gustav Ungerer, *Anglo-Spanish Relations in Tudor Literature,* in
Schweizer Anglistische Arbeiten-Swiss Studies in English (Bern), vol. 38
(1956), pp. 2-231. Cf. also Remigio U. Pane, *English Translations from the
Spanish, 1484-1943* (New Brunswick, N. J., 1944); Dale B. J. Randall, *The
Golden Tapestry: A Critical Survey of Non-Chivalric Spanish Fiction in
English Translation* (1543-1657) (Durham, N. C., 1963), esp. notes 6 and 7
on pp. 4-5; and Appendixes A-D; P. E. Russell, "English Seventeenth-
Century Interpretations of Spanish Literature," *Atlante,* I (1953), 65-77;
Fernández de Córdoba y G. Morales, "Relaciones de España con Inglaterra
y Francia durante los reinados de Carlos V y Felipe II," *Boletín Univer-
sitario de Granada,* XII (1940), 351-422; Antonio Pastor, "Breve historia
del hispanismo inglés," *Arbor,* IX (1948), 549-566. Finally, the recent
work by Hilda U. Stubbings, *Renaissance Spain in its Literary Relations
with England and France* (Nashville, 1968).

As long as no thorough work focusing on the influence of English
literature in Spain is written, we are bound to agree with the following
statement by Henry Thomas: "Literary traffic between England and
Spain in Shakespeare's day was mainly a one-way affair, with the advan-
tage distinctly on our side" ("Shakespeare in Spain," in *Proceedings of the
British Academy,* Oxford, 1949, p. 88).

[2] The first translation into any language of Sidney's *Defence* was

Although written several years earlier (around 1580), Sidney's *Defence* appeared in 1595 in two different editions and with two different titles, William Ponsonby's *Defence of Poesie* and Henry Olney's *An Apologie for Poetrie*. The Spanish translation is definitely based on Ponsonby's edition.

The date of composition of *Deffensa de la Poesia* is not known. However, a historical date mentioned in the manuscript might indicate that the translation was done shortly after the publication of Sidney's *Defence*. We read in Ponsonby's edition: "See we not vertuous Cato driuen to kill himselfe, and Rebell Cæsar so aduanced, that his name yet after 1600, yeares lasteth in the highest honor?" [D$_{4v}$]. [3] In the Spanish translation the date has been changed from 1600 to 1616: "No uemos al uirtuoso Caton forçado de matar a sy mismo, y al rebelde Cesar tan exaltado, que su nombre aun despues de 1616 años dura enel mas alto honor?" (fols. 21v-22r). [4] We should bear in mind that Sidney's date is an approximation, though a close one, since Caesar was killed in 44 B.C. It is possible that the author of the Spanish translation in keeping with the literalness of his translation moved the date to 1616, because it coincided more exactly with the period of his composition of *Deffensa*.

---

published in Rotterdam in 1712, according to the listing of the *British Museum General Catalogue of Printed Books* (vol. 230, p. 18).

After completing my edition, I discovered D. O. Chambers' edition of the same manuscript, done in offset form in 1968 (no place of publication is indicated). The transcription, however, is often defective.

[3] Sir Philip Sidney, *The Defence of Poesie*, printed for William Ponsonby (London, 1595). Facsimile, Menston, England: The Scholar Press Lim., 1968. Further references are to this edition. Although it has little bearing on the Spanish translation, the important Norwich Sidney Manuscript, recently discovered and edited by Mary R. Mahl, should be consulted. See *The Norwich Sidney Manuscript: The Apology for Poetry* (Northridge, California, 1969).

[4] The calligraphy is also an aid in determining the general period (the 17th century) of the manuscript. Both Professors Diego Catalán and Lloyd Kasten, who have kindly examined the manuscript, share this view. Also, cf. Filemón Arribas Arranz, *Paleografía documental hispánica. I. Láminas. II. Transcripciones* (Valladolid: Sever-Cuesta, 1965); Jesús Muñoz y Rivero, *Manual de paleografía diplomática española de los siglos XII al XVII. Método teórico-práctico para aprender a leer los documentos españoles de los siglos XII al XVII.* 2ª ed. (Madrid, 1917).

The identification of the author of the translation presents serious difficulties. The only name mentioned is that of Juan de Bustamante, who is described as the owner of the manuscript in two legends on folio 56r and on the very last folio, 60v. The calligraphy of both legends is different from that of the manuscript, and the inscription of folio 56r is odd indeed: "Síeste líbro se perdíere Como Sueleacontecer/ SuPlico al quelo allare queme lo bVelVaamí poder/ y si no supiera mí nonbre aqui lo quiero pon[er]/ Sellama Jů de Bu[s]/taman/te/ y le dar[e]/ vn pe/do para/ quese/ loco ma." ⁵ In another inscription on the last folio, Juan de Bustamante signs his name, defines himself "Cauallero muy noble", and begs for the return of the manuscript, "Sieste Libro Seperdiere." A reward is promised, but the only word legible here is "libra."

An entry in the Hispanic Society of America makes reference to the same name of Juan de Bustamante as author of a religious treatise, *Tratado de las ceremonias de la missa, y las demas cosas tocantes à ella, con forme al Missal romano* (Madrid, 1693). ⁶ It is further stated that said Juan de Bustamante flourished about 1622 and that he was "natural de la Imperial Ciudad de Toledo, Maestro de Ceremonias de su Señoria Ilustrissima, Examinador general de su Obispado" [of Don Andrés Pacheco]. ⁶ᵃ

---

⁵ Read: "Si este libro se perdiere como suele acontecer/ suplico al que lo allare que me lo bvelva a mi poder/ y si no supiera mi nonbre aqui lo quiero poner/ Se llama Juan de Bus/taman/te y le dare/ vn pe/do para/ que se/ lo coma".

⁶ Cf. Louisa Penney, *Printed Books 1468-1700 in the Hispanic Society of America* (New York, 1965). According to Antonio Palau y Dulcet, *Manual del librero Hispanoamericano*, vol. II, Bustamante's *Tratado* was first published in Cuenca in 1622 and reprinted in 1637, 1655, and 1693. Palau y Dulcet also mentions three other works by Juan de Bustamante: *Tratado del Oficio Divino* (Madrid, 1649); *Memorial a S. M. sobre la despoblación de España* (Madrid, 1638); *Memorial al Rey sobre la manera de subrogar la renta de millones* (Madrid, 1650). Nicolás Antonio in the first volume of *Bibliotheca Hispana Nova* states also that *De las ceremonias de la Misa* was published in Cuenca in 1622. N. Antonio, however, refers to the author of the treatise as Ioannes de Bustamante de la Camara (p. 665). Finally, cf. also Mariano Alcocer y Martínez, *Catálogo razonado de obras impresas en Valladolid, 1481-1800* (Valladolid, 1926), p. 318; Manuel Colmeiro Penido, *Biblioteca de los economistas españoles de los siglos XVI, XVII y XVIII* (Madrid, 1953-54), p. 49.

⁶ᵃ As for D. Andrés Pacheco, he was the Inquisitor General in 1622, and a cruel and tyrannical one according to Henry C. Lea, *A History of the Inquisition of Spain* (New York, 1907), vol. III, pp. 466, 572; I, p. 420.

Whether this Juan de Bustamante is in any way connected with the same name mentioned in *Deffensa* is of course an open question.[7] It should be pointed out, however, that there is a proximity of dates (although it may be purely coincidental) between the possible date of *Deffensa* (1616?) and 1622, the date around which the author of *Tratado de las ceremonias de la missa* flourished. At this point, I am unable to add anything more on the question of authorship.[8]

The anonymity of the author is by no means surprising if we recall that any person who translated or even read books by "heretics" would immediately fall into suspicion of heresy. In Spain, with the decree of September 7, 1558, translations of foreign books were strictly forbidden. "This measure — writes Henry Kamen — banned the introduction of all foreign books in Spanish translation ... So thorough and effective was the decree of 1558 that it remained in force in Spain until the end of the *ancien régime*."[9] Within this context, it is the more remarkable that the author undertook the task of translating Sidney's *Defence* at all.

CHARACTERISTICS OF THE TRANSLATION

Except for a few occasions where the author of *Deffensa* has taken some liberties in changing, correcting, or omitting some

---

[7] The name of Juan Isidro de Bustamante appears among many others in a *Ivsta literaria* celebrated in Málaga in 1640. Cf. D. Pedro Salvá y Mallen, *Catálogo de la biblioteca de Salvá* (Valencia: Ferrer de Orga, 1872), vol. I, pp. 121-22.

[8] Keeping in mind that Sidney's *Defence* was published in 1595 in London, Chambers' indirect suggestion that the translation might have been done by a XVI century author has to be dismissed as anachronistic. He states in his foreword: "The only well-known Bustamante who could possibly have been a contemporary of the manuscript is one Juan Ruiz de Bustamante, '*Gramático y filólogo español del siglo XVI, al que se deben, entre otras obras, una Gramática castellana y el libro Fórmulas adagiales latinas y españolas.*'" Chambers quotes from Vol. 9 of *Enciclopedia universal ilustrada europeo-americana* (Bilbao, Madrid y Barcelona: 1905:30). According to my calculations, Juan Ruiz de Bustamante died before Sidney's *Defence* was published.

[9] Henry Kamen, *The Spanish Inquisition* (New York: A Mentor Book, 1968), p. 96. Cf. also Henry C. Lea, *op. cit.*, vol. III, pp. 480 & fls.; pp. 504 & fls.; and the summary on pp. 548-49.

words and phrases, the translation is very literal. We can observe a definite "interference" of the English in the syntax, the lexicon, and even the punctuation of the Spanish translation. A comparison between Sidney's text (according to Ponsonby's edition) and *Deffensa* will bear this out. The main modification introduced by the author of *Deffensa* is the division of the treatise into 27 chapters of uneven length, a feature not found in Sidney's *Defence*.

Other modifications and omissions are clearly willful, motivated by religious considerations, or most probably by fear of the Inquisition. [10] In defending the legitimacy of that kind of poetry which imitates the "excellencies of God," Sidney points out that even the Scriptures contain "Poeticall" parts. For this statement he cites the authority of two Biblical scholars of the sixteenth century, Emanuel Tremellius and Franciscus Junius: "Which beside other, the learned *Emanuell Tremelius,* and *F. Iunius,* doo entitle the Poeticall part of the scripture: against these none will speake that hath the holie Ghost in due reuerence" (C_{1v}-C_2). In the Spanish translation, both names are omitted (cf. f. 9v). Tremellius happened to be a Jew from Ferrara converted to Protestantism and Junius a French Protestant.

Further on, f. 45v, there is no mention in the Spanish translation of the names of Melanchthon and Beza, who are described by Sidney as famous preachers and teachers. Again, both were influential Protestants: Beza (Théodore de Beza), a Calvinist; Melanchthon, a very close friend of Luther. [11]

Another peculiar change made by the translator gives an insight into the cultural climate of the period. And it is the more significant because it seems to be a rather innocuous detail. In attempting to justify the practice by poets of inventing fictitious names Sidney draws a humorous parallel with a chess board, where fictitious names are also given to the different pieces. One of the pieces is called Bishop "giving a piece of wood the reverende title of a Bishop" (G_{1v}). Prudently the translator sacrifices the

---

[10] The voluntary expurgation by the author, however, was not always thorough. He did not delete, for instance, the name of Thomas More which had been placed in the Index in 1583 (cf. Lea, *op. cit.* III, p. 530).

[11] On the other hand, "Moreto" — Marc-Antoine Muret, a French humanist of the sixteenth century — is mentioned. Muret was a former heretic who had converted to Catholicism.

wit of the remark and changes the name of the Bishop into that of the king, "el grandioso titulo de Rey" (f. 37v). Other differences that can be observed between *Defence* and *Deffensa* concern erroneous quotations and names. A partial list follows.

Sidney mentions the German humanist Clauserus (Conrad Clauser), who had translated Cornutus, the Stoic philosopher of the first century A. D. The Spanish translation has *Chaucero* erroneously for Clauserus (f. 59v).

Other minor errors by the translator may be due to carelessness. Sidney quotes a line from Horace (*Epistles,* I, ii, 4): *Melius Chrisippo & Crantore.* The Spanish translation has *Cantore* (f. 31r). Crantor was, according to Cicero, an eminent Platonist (ca. 335 — ca. 275 B.C.). [12] Sidney, again quoting from Horace (*Epistles,* I, cvii, 69), *Percontatorem fugito nam garrulus idem est.* The Spanish translation has *garulus* (f. 34v). Sidney adapts a line from Juvenal (*Satires,* XIV, 35): *Queis meliore luto finxit praecordia Titan.* The Spanish translation has *melior* (f. 47r). Quoting from Scaliger, Sidney states: *"Qua authoritate barbari atque hispidi..."* The Spanish translation has *insipidi* (f. 43v) for *hispidi.* Sidney's text refers to *Calecut,* the city in India. The Spanish translation has *Catecut* (f. 50v). On one occasion, the emperor's name Severo is written in the Spanish translation as *Severno* (f. 21v). Greek words frequently used by Sidney are Latinized in the Spanish translation (except on three occasions at the beginning). In one case, the word *eikastike* ("representing truly") has been transformed into *ricastice* (f. 38v).

On the other hand, a number of errors in Ponsonby's text of Sidney, mostly in Latin quotations, and perhaps all owing to the printer, have been corrected in the Spanish text: *Memoria* (Virgil, i, 8) to *memora* (f. 45v); *Iubio* (Horace, *Satires,* I, i, 63) to *Iubeo* (f. 40v); *tibi* (Ovid, *Remedium Amoris,* 686) to *sibi* (f. 34v). In discussing Euripides' *Hecuba,* Sidney's text refers to the king of

---

[12] For this and other references, see the accurate and succinct notes by Forest G. Robinson in his edition of Sidney's *An Apology for Poetry* (Indianapolis-New York, 1970). Also, his recent and interesting book, *The Shape of Things Known: Sidney's Apology in its Philosophical Tradition* (Cambridge, Mass., 1972). Occasionally, I have used explanatory footnotes whenever the immediate context required them (that includes Sidney's quotations as well as the Spanish translation).

Thrace, Polymnestor, as *Polminester*. The Spanish translation corrects to *Polymnester* (f. 51r).

These as well as other differences, inaccuracies, or peculiarities of the translation are annotated in the text. Likewise words, such as *wit, mind, song, skill, sort, conceit* are often footnoted, since some scholars may be interested in the different nuances given by the translator. *Wit,* for instance, is at times translated as *entendimiento,* and most often as *ingenio; mind,* as *alma* and *entendimiento; song,* as *soneto* and *canción; skill,* as *arte* and *sciencia; sort,* as *género* and *suerte; conceit,* as *concepto* and *entendimiento.*

MANUSCRIPT AND EDITION

The manuscript, Ms. 3908 in the Biblioteca Nacional of Madrid, contains 60 folios. [13] It measures 22.5 × 15.5. Each folio usually has 22 lines. Each chapter begins with a capital letter which is about twice as large as other letters. There are two long legends by different hands on folios 56r and 60v. Flourishes and words are found scattered here and there throughout the manuscript. The hand is an italic derivative and, in general, is clear and elegant. [14] The full title, DEFFENSA DE LA POESIA, appears on the first folio and is repeated at the head of each folio, divided

---

[13] As in Chambers' case, I found the reference to the manuscript *Deffensa* in the bibliography by Juana de José Prades, *La teoría literaria (Retórica, Poéticas, Precépticas, etc.),* Madrid, 1954. It is the first item in the work, and it is thus described:

> Siglo XVI
> 1. *DEFENSA de la Poesía.* 60 fols. BN; Ms-3908
> "Es una apología de la poesía. En los capítulos 15 y 16 (fols. 25r y 29r) trata de algunos géneros poéticos. El manuscrito no tiene fecha y su autor, anónimo, dice haber estado en la corte del Emperador [Carlos I"] (p. 9).

In spite of the erroneous information contained in the description, with respect especially to the epoch of the manuscript, the author's singular discovery should be duly noted. I should like to express at this point my gratitude to Professor Gary Brown for his kind help in obtaining for me a Xerox copy of the manuscript from the Biblioteca Nacional of Madrid.

[14] The clarity and neatness of the calligraphy lead me to suspect that a professional copyist transcribed the manuscript to make it ready for the printer. Meanwhile, the anonymous author waited in vain for permission to publish the work.

into *Deffensa de* and *Poesia*. The numeration for folios 3 and 2 is incorrect, and it has been reversed. No attempt has been made to reproduce display capitals or ornaments.

In transcribing the text, I have made no significant modifications with respect to orthography, punctuation, or syntax. The main one is the reduction of the long *s*. Particularly for manuscripts, James O. Crosby's warning is most pertinent: "Cuanto más se regulariza un texto del siglo XVII conforme a reglas modernas, tanto más se perturba el equilibrio y la unidad originales." [15] The text of *Deffensa* reflects the phonetic and orthographic changes taking place in Spain during the second half of the sixteenth century and the beginning of the seventeenth. Thus we find *debajo* and *debaxo, hiso* and *hizo, historiador* and *hystoriador, auer* and *hauer, guiar* and *guyar*. In general, the syntactical and lexical peculiarities of *Deffensa* are very similar to those discussed by Crosby in his Introduction to Quevedo's *Política de Dios*. [16]

One of the more vexing problems has been the transcription of *J-I*. As exemplified by the contrasting views of treatise writers of the early part of the seventeenth century, both the sound and the orthography of the letter *j* were going through important changes. [17] The orthography of *Deffensa* shows this oscillation.

---

[15] James O. Crosby, *Política de Dios, Govierno de Cristo* (Madrid: Castalia, 1966), p. 18.

[16] Besides frequent occurrences of anacolutha, zeugmas, and lack of agreement in general, the text of *Deffensa* presents interesting lexical and syntactical problems. Some are peculiar to this text, but others are more or less similar to the changes that were taking place during the period (Cf. Chapter XIII of Rafael Lapesa, *Historia de la lengua española*, 3rd edition, Madrid, 1955). A list of a few examples follows without any set order. "Todos dos", 16r, for "los dos" (cf. Ital. "tutti e due"); "qualesquier otros", 13v; "grand trabajo", 17r, but also "grande numero", 32v, "grande falta", 52r; "ha lluuido", 20r; "pudrian", 43r, (for "podrian"); "custumbre", 29v; "piscados", 55v; "inquerer", 45v; "dishechando", 43v; "discarear", 56v (for "descarriar"); "diuertir", 23r (in the connotation, "apartarse de"); "se seguio", 25v; "produçio", 46r; "se conclue", 41v; "hojos", 38r (for "hojas"); "la haz", 54v; "los costumbres", 16r; "en aquella semejante sonar de las palabras", 57v; "no la falta la gramatica", 57r; "uueuos", 55v (for another example of this rare form, cf. the XIII cent. work, *El libro de los caballos*, Madrid, 1936, p. 69).

In general, the language of *Deffensa* confirms the XVII century as the most probable period of the translation.

[17] For three different views, cf. Mateo Alemán, *Ortografía castellana*, ed. José Rojas Garcidueñas, Prologue by Tomás Navarro (Colegio de Méxi-

There is no discernible consistency, as we find *Jra* and *ira*, *Ingla-terra* and *Jnglaterra*, *Juiçio* and *Iuiçio* (also *Iuzio* and *Juisio*), *Jam-bico* and *Iambico*, *Iuntos* and *Juntos*, *imitacion* and *Jmitacion*, *obiection* and *objecciones*, etc. Only very learned words or Latin words seem to be consistently written with *I*, as in *Ion, Isis, Iubeo*.

Stressing the fact that there may be no correspondence be-tween the phonetic and the orthographic sign, I have adopted the following three criteria.

1. Whenever the sign *J/I* does not go beyond the line, the letter is consistently transcribed as *I*.

2. As *J*, whenever the letter goes beyond the line. This in-cludes a *J/I* in initial position as well as a *J/I* in the middle of a word.

3. The "semi-jota" is consistently transcribed as small *j*.

Another problem of transcription is that of determining with certainty whether some words or prepositions are linked or not: *dela* or *de la*, *enla* or *en la*, *alomenos* or *a lo menos*, *todauia* or *toda uia*, *diganlo* or *digan lo*. In transcribing them, I have simply relied on common sense and eyesight.

The few abbreviations used by the translator, such as *q'*, *fre-quēte*, *pfetas*, *X͞po* (for Christo), have been kept, and at times an-notated. The dot on *ẏ* has been transcribed whenever it appears; likewise the sign *ȩ*, as in Tirtȩo, Cȩsares, Melibȩo, for it indicates the original diphthong *æ* of a Latin or Latinized word. Accents, which are rarely and inconsistently used in the text, have also been transcribed.

Brackets have been used to indicate words and letters which were either undistinguishable, crossed out by the translator, or erroneously repeated. Also, words or letters which were not car-ried on the next folio. This solution should not cause any con-fusion, since the translator never uses brackets.

co, 1950), esp. p. 108. (First published in 1609); Bartolomé Jiménez Patón, *Epítome de la ortografía latina y castellana. Instituciones de la gramática española*, eds. Antonio Quilis y Juan Manuel Rozas (Madrid: Consejo, 1965), esp. p. 66. (First published in 1614); Gonzalo Correas, *Ortografía Kastellana, nueva i perfeta*, first published in 1630. There is now a facsimile edition published in 1971 by Espasa-Calpe (cf. pp. 61-62).

Finally, some remarks on punctuation may be necessary, since a 17th century system of punctuation hinders at times our understanding of the discussion.[18] Although a great deal of uncertainty still remains concerning the principles of a 17th century system of punctuation, it is generally recognized that the earlier system was more deeply rooted in rhetorical practice, the aim of which was to persuade by means of appropriate emphasis and stress. Consequently, in reading *Deffensa* we must bear in mind that the most common signs of punctuation — commas, colons, etc. — may have very different functions from those we expect in a modern system. Crosby succinctly summarizes the function of the various signs: "Según este sistema, se empleaba la coma para las pausas más ligeras, el punto y coma para las de una intensidad superior, y los dos puntos para las que aún eran más largas; la pausa mayor de todas caía normalmente al final de la frase y se señalaba con un punto. Pero como en algunas frases barrocas muy extensas el lector necesitaba de vez en cuando una pausa relativamente fuerte, que le mostrase la estructura de la frase, se dan casos de frases largas jalonadas por puntos" (*op. cit.*, p. 20). We might add that in *Deffensa* phrases are often marked by periods and that the periods do not necessarily indicate a longer pause. Often, capital letters do not follow a period. At the same time, capital letters may be found in the middle of a sentence, or even in the middle of a word. Their use may be either attributed to the author's desire to give special significance to a word, or to simple inattention and haste.

Although at times I have annotated more troublesome sentences by presenting the corresponding English original, the reader is advised to consult an edition of Sidney's *Defence.*

The fundamental reason for my decision not to make any changes in the text of *Deffensa* is that attempts at correction imply full knowledge of what is correct. I see the role of the editor of a manuscript analogous to that of a messenger who "brings"

---

[18] The punctuation has not been changed for reasons best expressed by Ronald B. McKerrow: "In any case there can be no good reason for modernizing punctuation in a text which does not modernize the spelling, for the one is just as likely to preserve characteristics of the author's manuscript as the other" (*Prolegomena for the Oxford Shakespeare: A Study in Editorial Method,* p. 41).

(without being any angel) the writing of an author without any undue modifications. Only after the "writing" is presented as is can any subsequent critical operation begin. It is also for this reason that I have not used the ambiguous word "diplomatic" to describe the present edition.

Madison, January 1974

DEFFENSA DE LA POESIA

Edited by
BENITO BRANCAFORTE

DEFFENSA DE LA POESIA

Capitulo primero en que se propone de traer Razones eficaçes en deffensa dela
Poesia

Quando el uirtuosissimo N. [1] y yo estuuimos Iuntos en la corte del
Imperador, pusimos cuidado en aprender el andar a cauallo de Iuan
Pedro Pullano, hombre que con mucha alabança suya, tenia el
lugar y puesto de Cauallero en su caualleriça: y el, segun la ferti-
lidad del ingenio [2] Italiano no solo nos dio la demostraçion de su
practica, si no quiso enriquesçer a nuestros entendimientos con
la contemplaçion de ella, [3] la qual el pensaua ser preciosissima.
Pero me acuerdo que con nada mis oydos en algũ tiempo fueron
tan cargados, como quando (o enoJado de la tardança del paga-
mento, o mouido de nuestra aprendiz [4] admiracion) el excerçitaua
su habla en loor de su facultad. Deçia que el delos soldados era
el mas noble estado del genero humano, y que el delos hombres de
a cauallo era el mas noble estado de los soldados. Deçia que eran
los maestros dela guerra y el ornamento dela paz, ueloces en
caminar y [Ir] fuertes en pararse, [5] Triumfadores assi en los Cãpos
como en las Cortes: y no solo esso syno a tan increible punto

---

[1] Cf. Sidney, "the right vertuous E. W." (B₁). All references are here-
after to the text of William Ponsonby (London, 1595). Facsimile, Menston,
England: The Scholar Press Limit., 1968.
[2] "wit" (B₁).
[3] "but sought to enrich our mindes with the contemplations therein"
(B₁) — with the theory as well as the practice.
[4] "learnerlike" (B₁).
[5] "strong abiders" (B₁).

procedia, que ninguna cosa en este suelo hazia en tal manera marauillar a un Principe como el ser buen hombre de a cauallo. el
sauer gouernar era un nada[6] en su comparacion: entonces añadia
ciertas frases, en deçir, que animal tan sin par era el Cauallo, el
solo Cortesano de seruiçio sin lisonja, el animal mas hermoso
mas fiel y mas ualeroso y otras semejantes cosas, que sy yo no
uuiera sido un pedaço de logico[7] antes que ueniesse a su Escuela
de el, creo que me uuiera persuadido dessear ser cauallo. mas
esto tanto alomenos con sus palabras no pocas el fixo en my,
saber, que el amor proprio es mejor que qualquiera doradura para
hazer paresçer aquello sumptuoso en que nos otros mismos somos
parte. En lo qual sy la afiçion fuerte y los flacos argumentos del
Pullano no os satisfazen, yo os dare un exemplo mas allegado y
çercano en mi mismo,[8] quien no se por que desdicha en esta my
edad no uieja y tiempo mas ocioso, auiendo deslizado enel titulo
de Poeta, soy prouocado a dezir os algo en defensa de aquella mya
no escogida uocaciõ; dela qual sy trato con mas uoluntad que
buenas [*1v*] raçones, sufran melo, pues se ha de perdonar al discipulo que sigue las pisadas de su maestro.[9] y con todo esto es
menester que diga, que como tengo mas Justa causa de hazer una
piadosa defensa de la pobre poesia, la qual casi de la mas alta
estima de doctrina, ha caido a ser el Juego de muchachos, assi
tengo menester de traer prueuas mas eficaçes, pues al primero
(que es el hombre de a Cauallo)[10] nadie le ua ala mano para tener
su deuido credito,[11] al postrero pobresillo[12] (que es el Poeta)[13]
para disacreditarle y deshazer le,[14] se han aprouechado de los
nombres y authoridad aun delos mismos filosofos, con grande
riesgo de guerra ciuil entre las musas

---

[6] "a *Pedanteria*" (B₁).
[7] "a peece of a *Logician*" (B₁ᵥ).
[8] "a nearer example of my selfe" (B₁ᵥ).
[9] i.e., Pugliano.
[10] Explanation added by translator.
[11] "is by no man bard of his deserued credit" (B₁ᵥ) — *ir a la mano*, "contenerle" *(Dicc. Ac.)*.
[12] "the silly later" (B₁ᵥ).
[13] Added by translator.
[14] "to the defacing of it" (B₁ᵥ).

Cap. 2° Que la poesia es
la mas antigua y la causa
de todas las de mas Sciençias.

Lo primero uerdaderamente a todos los que professando letras
afean [15] a la poesia se les puede Justamente oponer, que se allegan
y açercan a la ingratitud, en querer deshazer [16] aquello que en las
mas nobles naçiones y lenguas conosçidas, [2r] ha sido el primer
alumbrador dela ignorancia, y la primera ama cuya leche poco a
poco les dio fuerças para apaçentarse despues de mas duras y
dificultosas sciençias. y quereis uos otros hazer como el erizo, que
siendo reçebido dentro de la Cueua hecha fuera su huesped? o
mas presto como las uiuoras que con su nascimiento matan a sus
padres? la docta Grecia en alguna de sus muchas sciencias muestre
me sy puede un libro antes de Musœo, Homero, y Hesiodo todos
tres no otra cosa sino poetas. o traygase alguna historia que pueda
deçir auer estado ally algunos Escriptorcs antes de ellos, Sy no
han sido hombres de su misma arte, [17] como Orpheo, Lino y algunos otros que se nombran, los quales por hauer sido los primeros
de aquella Patria que por escripto manifestaron su sauer a la pos-
teridad, [18] pueden Justamēte pretender [19] ser llamados sus padres
en doctrina. Por que no solo enel tiempo han tenido esta pre-
çedençia (sy bien la antiguedad de suyo es ueneranda) mas iuan
adelante de ellos como causas para atirar con su encantadora [2v]
dulçura los fieros indomitos ingenios [20] en admiracion de la Sciençia. de modo que Amphion se deçia de mouer las piedras con
su poesia para fabricar a Thebas y Orpheo de ser escuchado de
las bestias, ala uerdad hombres empedernidos y bestiales. Assi
entre los Romanos fueron Lÿuio, Andronico y Ennio; y lo propio
en la lengua Italiana, los primeros que la hisieron aspirar a ser una
tesoreria de Sciencias han sido los poetas Dante, Boccacio y Pe-

---

[15] "enuey against Poetrie" (B₁ᵥ).
[16] "deface" (B₁ᵥ).
[17] "skill" (B₂).
[18] "that made pennes deliuerers of their knowledge to the posteritie"
(B₂).
[19] "challenge" (B₂).
[20] "wits" (B₂).

trarcha;[21] y tambien en nuestra Inglesa, fuerõ Gouero y Chaucero,[22] despues delos quales animados y deleytados con su excellente
precedencia,[23] otros han seguido para hermosear a nuestra lengua
materna tanto enel mismo genero.[24] como en otras Artes

Cap. 3°: que los Filosofos y historiadores antiguos primero
no osaron parescer al mundo
si no debaxo dela mascara dela
Poesia

Esto se muestra tan notablemente, que los filosofos de Grecia no
osaron en mucho tiempo pa- [3r] [pa]resçer al mundo sino debaxo
de la mascara de los poetas. Assi Thales, Empedocles y Parme-
nides cantaron su natural filosofia en uersos; tambien Pythagoras
y Phoçilides sus consejos morales; Tirtço ny mas ny menos en
cosas de guerra. y Solon en cosas de Poliçia. o antes ellos siendo
poetas excercitaron su uena deleytosa en estos puntos de las mas
altas Sciençias que antes de ellos fueron escondidos al mundo.
por que auer sido el Sauio Solon directamente poeta es manifiesto
hauiendo escripto en uerso aquella notable fabula de la Isla Atlan-
tica, la qual se continuó despues por Platon. y uerdaderamente
el mismo Platon qualquiera que bien le considera, hallara que
en el Cuerpo de su obra aunque lo interior y el uigor fuesse filosofia, la tez (como deçir)[25] y la hermosura depende prinçipalmente
de la Poesia. por que todo esta sobre dialogos en que finge muchos
honrados çiudadanos[26] de Athenas hablar de tales cosas, las
quales aunque se les diesse tormento Jamas confessarian: allende
del su poetico descriuir las circunstançias de Juntarse; como el
bien ordenar [3v] un banquete; la delicadeza de un passeo; con
entretexer meros cuentos, como el anillo de Giges y otros, lo qual
quien no sabe ser flores dela poesia, nunca se fue a passear dentro

---

[21] "*Bocace,* and *Petrach*" (B$_2$).
[22] "*Gower,* and *Chawcer*" (B$_2$).
[23] "foregoing" (B$_2$) - lead.
[24] "kind" (B$_2$).
[25] "as it were" (B$_2$.). This is the only instance in which "as it were" is
translated "como deçir."
[26] "Burgesses" (B$_{v2}$).

del Jardin de Apollo. y los mismos historiadores, sy bien sus labios suenan de cosas hechas, [27] y la uerdad esta escrita en sus frentes, se holgaron de tomar prestado entrambos la forma [28] y quiça el peso delos poetas. Assi Herodoto intitulo su historia, del nombre delas nueues Musas; y tanto el como todos los de mas que le han seguido o hurtaron, o usurparon dela poesia, el su apassionado descriuir las passiones, las muchas particularidades de battallas que nadie pudo afirmar; y si esto se me niegue, las largas oraçiones puestas en boca delos grandes Reyes y Capitanes, las quales cierto es que nunca las pronunçiaron ellos. de manera que uerdaderamẽte ny filosofos ny historiadores pudieron al principio entrar dentro delas puertas del Iuizio popular sẏ no uuieran tomado un grande passaporte dela Poesia.

Cap: 4   Que entre todas las naçiones
tambiẽ agora, adonde no floresçen las
letras cõ todo esso tienen a los poetas en
grande estima   [*4r*]

Conprueba esta uerdad lo que en todas las naçiones oy dia, adonde no floresçen las letras se ue[n] claramente: en todas las quales tienen algun sent[i]miento dela poesia. en Turquia, fuera de sus legisladores theologos, [29] no tienen otros escriptores sino poetas. en nuestra auezindada tierra Irlanda adonde ala uerdad las letras uan muy escasas, [30] toda uia á sus poetas se les tiene una deuota reuerençia. Y mas que esso. entre los muy barbaros. y simples Indianos adonde no se escriue, toda uia tienen sus poetas que hazen y cantan sonetos, que ellos llaman *Arentos,* [31] assi de las hasañas de sus antepassados como delas alauanças de sus Dioses. probabilidad bastante que si en algun tiempo ha de auer letras y doctrina entre ellos [32] es fuerça que sea por hauer

---

[27] "sound of things done" (B$_{2v}$).
[28] "fashion" (B$_{2v}$).
[29] "Diuines" (B$_3$).
[30] "where truly learning goes verie bare" (B$_3$).
[31] "sing songs" (B$_3$). *Arentos or areytos,* ceremonial dances accompanied by songs.
[32] "if euer learning come among them" (B$_3$).

tenido sus duros y entorpecidos ingenios [33] ablandados y aguzados
con los suaues deleytes dela poesia; porque hasta que hallen plazer
en el excerçiçio del entendimiento, [34] las grandes promessas del
mucho sauer, poco persuadiran esso, a los que no conosçen los
fructos dela Sciencia. En Vvallia [35] el uerdadero residuo de los
antiguos Britanos como ay buenas authoridades [4v] para mostrar
el mucho tiempo que han tenido poetas, los quales ellos llaman
Bardes, assi por todas las conquistas delos Romanos, Saxones,
Danos y Normandos, algunos delos quales han intentado alli de
deshacer y quitar toda memoria dela doctrina y letras, [36] con todo
esso hasta oy dia duran sus poetas: de suerte que no es mas
notable enel començar temprano, que enel mucho durar

Cap. 5   que los Romanos dieron
alos Poetas el celestial titulo y
nombre de Vates

Mas pues que los authores de las mas Sciençias nuestras han sido
los Romanos y antes de ellos los Griegos, estemonos un poco
sobre sus authoridades de ellos, tan solo, hasta uer que nombres
dieron a esta arte agora escarnesçida. [37] entre los Romanos, el
poeta se llamò VATES, que quiere dezir agorero, quien anteuè y
adiuina, o profeta, [38] como por sus aJustadas [39] palabras VAtici-
nium y Vaticinari es manifiesto; tan celestial titulo dieron aquella
excelente gente a esta Sciençia robadora de coraçones [40] y tanto
[5r] fueron lleuados en admiraçion de ella, que pensaron consistir
en el topar a caso con algunos tales uersos; grandes señales de su
uenidera suerte. [41] sobre que nasçio aquella palabra de Sortes Virgi-
lianœ, quando por el repentino abrir del libro de Virgilio cayan
sobre algun tal uerso suyo, [42] como se dize por muchos, de que

---

[33] "hard dull wittes" (B₃).
[34] "minde" (B₃).
[35] "Wales" (B₃).
[36] "to ruine all memory of learning from among them" (B₃).
[37] "this now scorned skill" (B₃ᵥ).
[38] "which is as much as a diuiner, foreseer, or Prophet" (B₃ᵥ).
[39] "conioyned" (B₃ᵥ).
[40] "this hart-rauishing knowledge" (B₃ᵥ).
[41] "great foretokens of their following fortunes, were placed" (B₃ᵥ).
[42] "they lighted vppon some verse of his" (B₃ᵥ)

son llenas las historias delas uidas delos Imperadores. como de
Ilbino [43] el Gouernador de nuestra Isla, el qual en su niñez topò
con este uerso: *Arma amens capio. nec sat roñis* [44] *in Armis* y
siendo de edad lo cumplio, si bien fue una muy uana y impia superstiçion, como tambien lo fue, el pensar que los espiritus se
mandaron y obedeçian a tales uersos, sobre que uiene esta palabra
Inglesa *Charmes,* deriuado de *Carmina.* assi con todo esso sirue
para mostrar la grande reuerençia en que se tenian estos ingenios, [45]
y no de todo sin fundamento, pues assi los oraculos de Delphos,
como las profeçias delas Sÿbillas totalmente se dieron en uersos;
por que aquella esquisita obseruaçion misma de numero y medido [46] [5v] de palabras y aquel alto uolante libertad de conceptos, [47]
proprio a los poetas, paresçia tener en sÿ alguna fuerça diuina. y
no puedo yo presumir Ir un poco mas adelante, para mostrar la
razon de esta palabra, *VAtes,* y deçir q' los Santos Salmos de
Dauid son una poema diuina? Sy lo hago, no lo hare sin el testimonio de grandes letrados assi antiguos como modernos. mas el
mismo nombre de Salmos hablara por my, que siendo interpretado,
no es otra cosa que cantos: despues que son cumplidamente escriptos en metro, como todos los doctos hebreos en ello concor-
dan, sy bien las reglas no son aun de todo punto halladas. ultimamente y prinçipalmente el modo que trata de su profeçia, que
es mero poetico. [48] pues que otra cosa es el dispertar sus instru-
mentos musicos; el frequēte y libre mudar de personas; sus
notables prosopopeias, quando os haze como sy fuera [49] uer a
dios ueniendo en su Magestad, su contar del alegria delos animales
y el saltar delas montañas, sino una poesia celestial, [6r] en que
casi se muestra a si mismo un apassionado enamorado de aquella
inefable y eterna hermosura, a ser uista solamente con los ojos
del alma, aclarados ÿ purificados por la fee. [50] mas, en uerdad agora
auiendo nõbrado a el, temo que no paresco profanar aquel Santo

---

[43] "*Albinus*" (B₃ᵥ).
[44] "*rationis*" (B₃ᵥ).
[45] "wittes" (B₃ᵥ).
[46] Cf. "medida".
[47] "and that high flying libertie of conceit" (B₃ᵥ).
[48] "meerly Poeticall" [B₄] - totally.
[49] "as it were" [B₄].
[50] In Sidney's text, sentence ends with a question mark.

nombre aplicandolo a la poesia, la qual entre nos otros esta abatida a tan ridicula estima. pero los que con Juizio sossegado quieren mirar ũ poco mas hondo en ella, hallaran el fin y la operaçion de ella ser tales, que siendo a derechas aplicada, no meresce ser açotada fuera del templo de Dios.

Cap. 6. que los Griegos dieron a los Poetas el excellente nombre de ποιητην que quiere decir hasedor

Veamos pues agora como los Griegos la nombraron y qual la Jusgaron. los Griegos llamaronle. ποιητην.[51] qual nombre como el mas excellente ha passado por otras lenguas. uiene de esta palabra [6v] ποιειν.[52] que es, hazer; en que no se qual, sy por suerte, o por sabiduria, nos otros Ingleses hemos conuenido con los Griegos en llamarle hasedor. el qual nombre quan alto y incomparable titulo es, mas quisiera que fuesse conoscido por obseruar los limites de las otras Scienças, que por alguna parçial alegaçion. no ay arte ninguna dada al genero humano que no tiene las obras dela naturaleça por su objeto prinçipal, sin que, no pudieran consistir,[53] y sobre que depienden tanto que uienen a ser actores y farsantes, como si lo fueran,[54] delo que naturaleça quiere publicar. assi el Astronomo mira las Estrellas, y por lo que uee trata de la orden que naturaleza ha tomado en ello. assi haze el Geometrico y Arishmetico en sus diuersas suertes de Cantidades.[55] assi el Musico en los tonos,[56] os diçe quales naturalmente concuerdan, quales no. El Filosofo natural de esso tiene su nombre y el moral Filosofo esta sobre[57] las naturales uirtudes, uiçios y passiones del hombre; y seguid la naturaleza en ello (Diçe

---

[51] " ποιητήν " [B₄].
[52] " ποιεῖν " [B₄].
[53] "without which they could not consist" [B₄ᵥ].
[54] "as they become Actors α Plaiers, as it were" [B₄ᵥ].
[55] "*Arithmititian*, in their diuers sorts of quantities" [B₄ᵥ]. The word *Arishmetico* was used until the XVIII century according to Corominas.
[56] "in times" [B₄ᵥ].
[57] "standeth vppon" [B₄ᵥ] - is concerned with.

el) y no andareis errado. el legista [58] dize lo que [7r] por hombres
esta deçidido y determinado; el Historiador lo que hombres han
hecho. el Gramatico habla [59] sobre las reglas de hablar. y el Reto-
rico y Logico considerando lo que en naturaleça mas presto prueua
y persuade, sobre esso da reglas artificiales que siempre son in-
cluidas [60] dentro del circulo de una question, segun la propuesta
materia. el Medico ua ponderando la naturaleça del cuerpo humano y la naturaleça delas cosas que lo ayudan y dañan. y el Meta-
fisico, aunque esta en las segundas y abstractas noctiones, y por
esso es tenido por sobre natural, toda uia de ueras el fabrica sobre
la hondura dela naturaleça. solo el Poeta desdeñando de ser atado
a alguna tal sujeçion, eleuado con el uigor de su propria inuençion, cresçe en efeto en una otra naturaleça, haziendo cosas o
mejores que la naturaleça las cria, [61] ó formando todo de nueuo
tales cosas que nunca han sido *in Rerum natura:* [62] como los
Heroes, los Semidioses, Ciclopes, Chymeras, Furias y tales; de
modo que ua mano [7v] a mano con la naturaleça no incluso [63]
dentro del estrecho poder de sus dones, sino libremente andan-
do [64] dentro del Zodiaco de su proprio ingenio. [65] la naturaleça
nunca mostrò la tierra con tan ricos tapiçes como lo han hecho
diuersos Poetas, nẏ con rios tan agradables, arboles fructuosos,
Flores odoriferos, nẏ con qualquier otra cosa que puede hazer la
demasiado bien amada Tierra ser mas amable. su mundo es de
bronze, solamente los poetas lo dan dorado. mas dexemos a estas
cosas, y uamos al hombre, por quien como las otras son, [66] assi
paresçe que enel, su estremo artificio [67] esta empleado: y saued
sẏ ha produzido tan uerdadero enamorado como Theagenes, tan
constante amigo como Pilades, hombre tan ualeroso como Orlando,
Principe tan recto como el Ciro De Xenofonte, y un baron por
todas partes tan excelente como el Enea de Virgilio. ny se en-

---

[58] *"Lawier"* [B$_{4v}$].
[59] "speaketh onely" [B$_{4v}$].
[60] "which still are compassed" [B$_{4v}$].
[61] "bringeth foorth" [B$_{4v}$].
[62] "in nature" [B$_{4v}$].
[63] "not enclosed" (C$_1$).
[64] "raunging" (C$_1$).
[65] "wit" (C$_1$).
[66] "as the other things are" (C$_1$) - were created for men.
[67] "comming" (C$_1$) - of the earth or nature.

tienda esto burlando, por que las obras dela una [68] son essençiales,
y dela otra en Jmitaçion y ficcion: pues cada entendimento sabe,
que el arte de qualquier artifice [69] esta en la Idea, ó concepto que
tiene antes dela obra: [70] [8r] y no en la misma obra. y que el
Poeta tiene aquellas ideas [71] se manifiesta, por el mostrar las [72] en
tanta excelençia como las auia imaginado: qual mostrar tambien
no es del todo imaginatiuo, como se suele deçir por los que hazen
castillos enel ayre, si no hasta tanto sustancialmente obra, [73] no
solo de hazer un Ciro, que esso no seria si no una excelençia
particular como pudiera hazer la naturaleça, mas en dar un Ciro
al mundo para hazer muchos Cyros, sy quieren aprender á derechas
por que y como aquel HAsedor le hizo. ni se piense ser una comparaçion demasiado presumptuosa y arogante [74] el balançar el mas
alto punto del ingenio [75] humano con la eficacia dela naturaleça,
sino antes dese la deuida honra al diuino Criador de aquel Hasedor, [76] que haziendo al hombre á su semejança, le hiso exçeder y
sobrestar a todas las obras de aquella segunda naturaleça: lo
qual en nada lo muestra tanto como en la Poesia, quando por la
fuerça de un aliento diuino produçe cosas que sobre pujan a las
que ella [77] hase; con no poco [argu-] [8v] argumento para contra
los incredulos de aquella primera maldita cayda de Adan, pues
nuestro leuantado entendimiento [78] nos haze saber que cosa es per-
fection, y no obstante esto nuestra uoluntad inficionada nos detiene
para no alcançarla. pero pocos entenderan estos argumentos y menos seran los que los concederan: esto tanto espero que me sera
conçedido, que los Griegos con alguna probabilidad de raçon le dio
el nombre al Poeta sobre todos los nombres de doctrina.

---

[68] *dela una,* i.e. nature.
[69] "for euerie vnderstanding, knoweth the skill of ech Artificer" (C_1).
[70] "or fore conceit of the worke" (C_1).
[71] "that *Idea*" (C_1).
[72] "by deliuering them foorth" (C_1). Also, below.
[73] "but so farre substancially it worketh" (C_1).
[74] "too sawcy a comparison" (C_1).
[75] "wit" (C_{1v}).
[76] i.e., the poet Xenophon.
[77] Refers to nature.
[78] "wit" (C_{1v}) .

Cap. 7. Dela discripçion
dela Poesia segun Ari-
stoteles y de los tres generos de poetas y qual de ellos
se puede llamar el uerda-
dero poeta

Agora uamos a un mas ordinario modo de mostrarlo, [79] para que
la uerdad sea mas palpable; y assi espero, sy bien no alcançamos
una alabança tan sin comparaçion, como la etimologia de sus
nombres [9r] otorga, toda uia, su misma discripcion qual nadie
niegare, no sera Justamente deuedada [80] de tener un loor prinçipal . la Poesia pues, es una arte de imitaçion: por que assi Aristoteles la llama en esta palabra *Mimesis* [81] (esto es) un representar,
contrahaser o figurar fuera, [82] para hablar por metaphora, un
retrato que habla afin de enseñar y deleytar . de esto auido tres
suertes generales, el prinçipal dellos assi en antiguedad como en
excelençia fueron los que imitaron las incomprehensibles exçelençias de Dios, tales fueron, Dauid en sus Salmos, Salamon en su
Cantico Canticorum, en eclesiastes y prouerbios; Moysen y Debora
en sus hymnos ẏ el escritor de Iob. [83] la qual parte muchos hombres doctos intitulã la parte poetica dela sagrada escriptura. Contra
estos nadie hablara quien tiene la deuida Santa reuerençia al
espiritu santo. En este genero [84] aunque en una theologia [85] todo
erronea fueron Orpheo. Amphion, Homero en sus hymnos. y
muchos otros assi Griegos como [9v] Romanos . y de esta poesia
se ha de usar quien quiere seguir el consejo de San Pablo en
cantar psalmos quando son alegres, y se que se usa cõ fruto de
consuelo por algunos, quando en las dolorosas uascas de sus mor-

---

[79] "opening of him" (C_{1v}) — exposition.
[80] "barred" (C_{1v}).
[81] Sidney uses Greek letters.
[82] "counterfeiting, or figuring forth" (C_{1v}).
[83] Omitted by translator: "Which beside other, the learned *Emanuell,
Tremelius,* and *F. Iunius,* doo entitle the Poeticall part of the scripture"
(C_{1v}-C_2). Cf. Intr.
[84] "kinde" (C_2).
[85] "diuinitie" (C_2).

tiferos pecados,⁸⁶ hallan consolaçion de la nunca perescedera
bondad. El segundo genero⁸⁷ es de los que tratan en materia
filosofica, o que sea moral como Tirtẹo, Phocilides, Caton; o que
sea natural como Lucreçio los Georgicos de Virgilio; o astrono-
mical como Manilio y Pontano; o historial como Lucano: lo qual
a quien no agrada. la culpa es de sus Juizios del todo estragados⁸⁸
y no del dulçe manjar dela Sciençia dulçemente espressa . mas
por que este segundo genero⁸⁹ esta enbuelto dentro de los plie-
gues⁹⁰ del propuesto suJeto, y no toma el libero curso de su
inuençion propria, si propriamente son poetas ó no, disputen lo los
Gramaticos . y uamos al terçero que cierto son Poetas uerdaderos,
de quienes massimamēte nasce esta question: entre los quales y
estos segundos ay tal diferençia, como entre los mas [10r] baxos
pintores que imitan⁹¹ solamente tales caras quales se les pone
adelante, y los mas Excelentes que no teniendo otra ley que el
entendimiento,⁹² os da el retrato tal y con tales colores, como
mas cumple y mejor paresçe ala uista, como el fixo aunque lastimoso mirar de Lucreçia, quando castigò en sy misma el delito de
otro: en que no pinta a Lucreçia a quien nunca uio, si no la
hermosura exterior de la uirtud. Por que estos terceros son los
que mas propriamente imitan para enseñar y deleytar: y para imitar
no toman nada prestado de lo que es, ha sido, o sera, sino andan
a rienda suelta, gouernados con docta descreçion⁹³ a la diuina
consideraçion delo que pudo ser y deue ser. Estos son aquellos
que como los primeros y mas nobles se pueden Justamente llamar
Vates, y adeuinos,⁹⁴ assi a estos en los mas excelentes lenguages
y mas buenos ingenios⁹⁵ quadra el ya descripto nombre de poeta .
por que estos cierto hazen meramente para imitar y imitan [10v]
assi para deleytar como para enseñar, y deleytan para mouer a los
hombres para emprender aquella bondad, dela qual sin el deleyte

---

⁸⁶ "when in sorrowfull panges of their death bringing sinnes" (C₂).
⁸⁷ "kinde" (C₂).
⁸⁸ "quite out of tast" (C₂).
⁸⁹ "sort" (C₂).
⁹⁰ "the folde" (C₂).
⁹¹ "meaner sort of Painters, who counterfeyt" (C₂).
⁹² "wit" (C₂).
⁹³ "but range onely reined with learned discretion" (C₂ᵥ).
⁹⁴ Added by translator.
⁹⁵ "best vndertâdings" (C₂ᵥ).

huyerian como de un forastero; y enseñan para haserles conosçer
aquella bondad a que son mouidos: lo qual, siendo la mas noble
mira a que Jamas fue endereçada alguna doctrina, todauia no
faltan lenguas ociosas que les ladran

Cap. 8 Otra Diuision de
los generos de Poetas . y que
el Versificar no es dela essen-
cia, sino un ornamento de
la Poesia

Estos se reparten otra uez en diuersas y mas particulares deno-
minaciones. los mas notables son los Heroicos, Liricos, Tragicos,
Comicos, Satiricos, Jambicos, Elegiacos, Pastorales y algunos
otros; algunos de estos siendo llamados conforme ala materia de
que tratan, algunos por el genero [96] del uerso en que gustaron [97]
de escriuir: por que uerdaderam.ᵗᵉ [11r] la mayor parte delos
poetas han uestido [98] a sus inuençiones poeticas de aquella nume-
rosa manera [99] de escriuir que se llama uerso; de ueras solamente
las han uestido, no siendo el uerso sino solo un ornamento y no
causa ninguna dela Poesia, pues han sido muchos muy Excelentes
poetas que nunca han uersificado, y agora enxambran [100] muchos
uersificadores que no tienen menester responder Jamas al nombre
de Poeta. Porque Xenophon quien tan excelentemente imito como
a darnos *Effigiê Iusti imperii* el retrato de un Justo Jmperio,
debaxo del nombre de Cyro, como Ciceron diçe de el, hizo en
ello una poema absolutamnte heroyca . assi hizo Heliodoro en su
açucarada inuençion de aquel retrato de amor en Theagenes y
Chariclea, y todauia estos ambos a dos escriuieron en prosa: lo
qual digo para mostrar que no es el trouar ó uersificar [101] que hase
al Poeta no mas que una toga ò ropa larga hase [102] al auogado (el

---

[96] "sort" (C₂ᵥ).
[97] "they liked best" (C₂ᵥ).
[98] "haue apparelled" (C₂ᵥ).
[99] "numbrous kind" (C₂ᵥ) - *numbrous,* metrical.
[100] "swarme" (C₂ᵥ).
[101] "ryming and versing" (C₃).
[102] "no more then a long gown maketh" (C₃).

qual aunque auogasse armado [103] se llamaria [*11v*] auogado y no
soldado) sino aquel fingir notables Imagines de uirtudes, uiçios
ò de qualquier otra cosa con aquel deleytoso enseñar, que por
fuerça ha de ser la uerdadera nota que descriue por donde se
conosce el poeta . sy bien uerdaderamente el senado delos poetas
han eligido al uerso como a su mas apto atauio y ornato; [104] enten-
diendo como en la materia passauan a todo[s] en todo, assi enel
modo de passar los: no hablãdo como en la mesa se suele ò como
hombres en sueños, palabras como a caso caen dela boca, sino
pesando cada silaba de cada palabra por una Justa proporçion,
conforme ala dignidad del sugeto.

Cap. 9 del genero de los
uerdaderos poetas y que
el ultimo fin de todas las
Sciençias es la aççion y
obra uirtuosa

Agora pues no sera malo, primero de considerar este postrer
genero de poetas [105] por sus obras y despues por sus partes; y
si en [*12r*] ninguna de estas anotomias no sera de condenarse,
espero que reçebiremos una mas fauorable sentençia. Este purificar
del entendimiento, [106] este enriqueçer dela memoria, el habilitar del
Iuiçio, el ensanchar delos conceptos, [107] que comunemente llamamos doctrina, debaxo de qualquier nombre sale, o a qual quier
fin immediato se endereça, el ultimo fin es el guiar y tirarnos a
tan alta perfeçion, como nuestras degeneradas almas peoradas por
sus posadas de barro [108] pueden ser capaçes. Esto conforme ala
inclinaçion del hombre crio muchas formadas impressiones: por
que algunos que pensaron que esta feliçidad se alcançaua princi-
palmẽte por la Sciençia, y que ninguna Sciençia era tan alta y
celestial como el Conoscimiento delas estrellas, dieronse a la astro-

---

[103] "pleaded in Armour" (C₃).
[104] "as their fittest raiment" (C₃).
[105] "to way this latter sort of poetrie" (C₃).
[106] "wit" (C₃).
[107] "conceit" (C₃).
[108] "their clay-lodgings" (C₃).

logia: [109] otros persuadiendose de ser Semidioses, sy supiessen las
causas delas cosas, han uenido a ser filosofos naturales y metafisi-
cos: [110] a algunos un admirable deleyte les tẏro [111] ala musica: y a
otros la certesa delas demostraçiones, a la mathematica: [*12v*] mas
todos, los unos y los otros teniendo esta mira de Sauer y por el
Sauer de leuantar el alma [112] de este calaboço del cuerpo al gozar
de su propria essençia diuina . mas empero quando por la balança
dela experiençia se halló que el Astronomo mirando alas estrellas
pudiera caer en un fosso; [113] y que el inquisidor filosofo pudiera
ser çiego en sẏ mismo; y que el mathematico pudiera tirar fuera
una linea derecha. con un coraçon tuerto: entonçes, e aquẏ la
prueua, el sobrestante [114] delas opiniones ha manifestado que todas
estas no son sino sciençias seruidoras, las quales como tienen un
fin proprio para sy, assi toda uia son endereçadas al mas alto fin
y Sciencia Señora, [115] llamada por los Griegos *Architectonica.* [116]
la qual esta como yo pienso en conosçer se el hombre a sy mismo
en la ethica y politica consideraçion con el fin del bien hazer y no
solamente de bien sauer. Justo como el fin proximo del Sillero es
de hazer una buena silla, pero su fin mas remoto es para seruir a
una facultad mas noble, que es la [*13r*] caualleria; assi el hombre
de a cauallo, ala Soldadesca; y el soldado no solo para saber Sino
tambien para hazer el exçerçiçio de soldado: de manera que el
ultimo fin de toda doctrina de este mundo siendo la acçion y obra
uirtuosa, las Sciençias [117] que mas siruen para engendrar esto, tienen
un Justissimo titulo de ser principes sobre todas las demas: en lo
qual, sy podemos mostrarlo, el poeta meresçe de tener este titulo
antes de qualesquier otros competidores

---

[109] "*Astronomie*" (C$_{3v}$).
[110] "supernaturall" (C$_{3v}$).
[111] "drew to" (C$_{3v}$).
[112] "the minde" (C$_{3v}$).
[113] "foso" — cf. Ital. *fosso.*
[114] "the ouerruler" (C$_{3v}$).
[115] "to the highest end of the mistresse knowledge" (C$_{3v}$).
[116] Sidney uses Greek letters.
[117] "those skils" (C$_{3v}$).

Cap. 10. que el filosofo
moral engendra la accion
uirtuosa solo por precep-
tos y el Historiador solo
por exemplos

Entre los quales prinçipalmente para pretenderlo sale fuera el moral filosofo, [118] al qual me paresce, que ueo uenir hasia my con una grauedad pertinaz, [119] como si no pudiesse suffrir el uiçio en la luz del dia, toscamente uestido, para atestiguar esteriormente su menos preçio de cosas exteriores, con libros en sus manos [13v] contra la gloria, a los quales ponen sus nombres, sofisticamente hablando contra la subtileza y ayrados con qualquier hombre en que ueen el feo uiçio de la Ira . estos hombres hechando como uan unas largas de difiniçiones, [120] diuisiones y distinctiones, con una pregunta llena de escarnio sobriamente preguntan, si es possible hallar alguna senda tan desembaraçada [121] para guyar al hombre ala uirtud, como aquella que enseña que cosa es la uirtud, y la [e]nseña no solo con mostrar su propria essençia, [122] sus causas y efectos, syno tambien con dar a conosçer su enemigo y contrario el uiçio que es menester sea destruido, y su molesto criado la passion, conuiene sea uençida, mostrando las generalidades que la contienen y las particularidades que de ella se deduçen y salen. [123] Vltimamente con mostrar claramente como se estiende fuera delos limites del microcosmo del mismo hombre para el gouierno de familias y para mantener amistades y conuersaçion publica. [124] el Historiador a penas da lugar al moralista para deçir tanto, si no le carga con registros uieJos ratonados. [125] authorizan- [14r]

---

[118] *"Philosophers"* [C₄]. Below, the translator appears to forget that he was using the singular as he switches to the plural.
[119] "sullain grauitie" [C₄].
[120] "These men casting larges as they go of definitions" [C₄] — *larges,* largess. *Hechando ... largas de* — "echando grandes cantidades" *(Dicc. Ac.)*
[121] "so ready" [C₄].
[122] "his very being" [C₄].
[123] "and the specialities that are deriued from it" [C₄].
[124] "of a mans owne little world, to the gouernment of families, and mainteining of publike societies" [C₄].
[125] "but that he loaden with old Mouse-eaten Records" [C₄].

dose por la mayor parte sobre otras historias, cuya mayor authoridad esta fundada sobre el notable fundamento del, auerse
oydo, [126] teniendo mucho q' haser para concordar las diferençias
delos escriptores y para coger la uerdad fuera dela parcialidad;
teniendo mas conoscidos los çien años [127] atras que a esta era
presente . y todauia meJor conosçiendo como ua este mundo, que
como corre su proprio entendimiento; [128] curioso por antiguedades
y muy inquisidor de nouedades; la marauilla delos moços y un
Tẏrano en la platica de sobre mesa; niega con grande cholera
que alguno por enseñar la uirtud y las aççiones uirtuosas se a de
comparar con el . *iam* [129] *testis temporum, lux ueritatis, uita me-
moriæ, magistra uitæ, nunçia uetustatis*. El filosofo diçe el, enseña
una uirtud disputatiua, mas yo una actiua; su uirtud de el es
excelente en la academia [130] de Platon, mas la mia muestra su cara
honrada en las batallas de Marathon, Pharsalia, Poictiers [131] y
Agincourt. El enseña la uirtud por ciertas consideraçiones abstractas, mas yo solo os mando [*14v*] seguir las pisadas de aquellos
que os han ido adelante, [132] la enueJeçida experiençia haze uentaja
al muy ingenioso filosofo, [133] mas yo doy la experiençia de muchos
siglos . finalmente sy el haze el libro de cantar, yo pongo la mano
del discipulo al laud, y si el es la guya, yo soy la luz. entonçes
el os alegeria [134] innumerables exemplos, confirmando historia por
historias. [135] quanto los mas sauios senadores y Prinçipes han sido
guyados y encaminados por el credito dela historia como Bruto,
D. Alfonso de Aragõ, (y quien no, sẏ es menester). [136] Alfin la larga
linea de sus disputas hase punto en esto, [137] que el uno da el precepto y el otro el exemplo. Agora a quien hallaremos, pues la
quest[io]n esta por el mas alto grado [138] en la escuela dela doctrina

---

[126] "vppon the notable foundation *Heresay*" [C₄].
[127] "1000 yeres" [C₄].
[128] "wit" [C₄ᵥ].
[129] "I am *Testis temporum...*" [C₄ᵥ]. Sidney has *nuncia* for *nuntia*.
[130] "dangerlesse *Academy*" [C₄ᵥ].
[131] "*Poietiers*" [C₄ᵥ].
[132] "before you" [C₄ᵥ].
[133] "goeth beyond the fine witted *Philosopher*" [C₄ᵥ].
[134] "alleage" [C₄ᵥ] — Sp. *alegar*.
[135] "storie by stories" [C₄ᵥ].
[136] "(and who not if need be)" [C₄ᵥ].
[137] "makes a point in this" [C₄ᵥ].
[138] "standeth for the highest forme" [C₄ᵥ].

para ser el moderador? çierto a my paresçer, el poeta, y sino el
moderador la misma persona que deue lleuar el titulo de ambos
a dos y mucho mas de todas las demas sciençias seruidoras y
subordinadas

Cap. 11. que el poeta engendra la accion uirtuosa por preceptos
y exemplos y por esso deue ser preferi-
do alas demas sciençias   [15r]

Comparemos pues para este fin el poeta con el hystoriador y con
el Filosofo moral; sy el auentaja a entrambos ninguna otra
sciençia humana [139] le puede igualar . por que quanto al theologo [140]
con toda reuerençia siempre se ha de exceptuar no solo por tener
sus limites auentajando tanto a estos quanto la Eternidad excede
el momento, sino tambien por lleuar uentaJa a cada una de estas
mismas. Quanto al legista, [141] aunque *ius,* es la hiJa de Justiçia
la mas principal delas uirtudes; toda uia por que el quiere hazer
los hombres buenos mas presto *Formidine Penœ,* que *Virtutis
Amore,* o por meJor dezir no forçeja [142] para haser los hombres
buenos, si no, que su maldad no haga daño a otros, no cuydando
otra cosa si no que sea buen çiudadano . por mas mal hõbre que
sea. por esso como nuestra malignidad haze que el sea neçessario,
y la necessidad le haze honroso, assi uerissimamente el no deue
de estar en la hilera [143] de estos, los quales todos se forcejan para
quitar la maldad y plantar la bondad en la mas secreta arquilla [144]
de nuestras almas; y estos quatro son todos los que por alguna uia
tratan en la consideraçion de [15v] los costumbres [145] y criança
de los hombres, [146] lo qual siendo el supremo sauer, quien mejor
lo engendra meresçe mas alabança. El filosofo pues y el historiador

---

[139] "humaine skill" (D₁).
[140] "diuine" (D₁).
[141] "Lawier" (D₁) — *Jus, iuris* is neuter in Latin.
[142] "endeuor" (D₁). Also, below.
[143] "to stand in ranck" (D₁) — *estos,* i.e., poet, historian, and moral
philosopher.
[144] "in the secretest cabinet" (D₁).
[145] "*los* costumbres" for *las.*
[146] "mens manners" (D₁).

son los que quisieran lleuar la palma, [147] el uno por preceptos y el
otro por exemplos: mas entrambos no teniendo lo uno y lo otro
todos dos Coxean . porque el filosofo poniendo con argumentos
espinosos las reglas sensillas, es tan duro en declararse y tan es-
curo para ser entendido que quien no tiene otra guya que el,
podra uadear en tal pielago hasta enuejeçerse [148] antes de hallar
bastante causa para ser en uirtud perfeto . por que esta sciençia
esta tan sobre el abstracto y general que dichoso aquel quien la
entiende [149] y mas dichoso quien puede aplicar lo que entiende .
De la otra parte el historiador, faltandole los preceptos esta tan
atado, no a lo que deue ser sino a lo que es, ala uerdad particular
y no ala raçon general delas cosas, que su exemplo no trae consigo
una consequençia necessaria y por esso es sciençia menos fructuosa. Agora el poeta sin par, [150] cumple lo uno y lo otro: por que
todo lo que el filosofo diçe que se deue hazer, el da una [*16r*]
perfeta pintura de ello por alguno, por quien el presupone auerse
hecho, de modo que el Iunta la notion o precepto general con el
exemplo particular. Vna perfeta pintura (digo) por que el entrega
a las potencias del alma [151] una imagen de aquello de que el filosofo
no otorgò sino una discripçion uerbal y de palabra, que ny hiere,
ny penetra, ny possee la uista del alma tanto como el otro. por que
como en cosas exteriores a un hombre que nunca uuiera uisto
al Elefante ny al Rhinoceronte, quiē le dixere esquisitamente todas
las faiciones, bulto, [152] color, tamaño y señales particulares de ellos,
o de la Architectura de un sumptuoso palaçio, quien declarando
la cumplida hermosura de ello, bien pudiera haser que el que le
escuchara pudiesse repitir, como si fuera, de coraçon [153] todo lo
que auia oydo, todauia nunca satisfaria a su interior concepto [154]
con ser a si mismo testigo de tener de ellos un uerdadero y uiuo
conosçimiento . mas el mismo hombre, quanto presto pudiera uer

---

[147] "are they which would win the goale" (D₁).
[148] "shall wade in him till he be old" (D₁) — shall wade in his works.
[149] "who may vnderstand him" (D₁).
[150] "the peerlesse Poet" (D₁ᵥ).
[151] "for hee yeeldeth to the powers of the minde" (D₁ᵥ).
[152] "all their shape" (D₁ᵥ). *Faición,* ast. 'facción del rostro' (Corominas,
Dicc. Etim.).
[153] "as it were by roat" (D₁ᵥ).
[154] "inward conceit" (D₁ᵥ).

una de aquellas bestias bien pintada, o aquella casa bien en mo-
delo, [155] luego sin tener menester alguna discrip- [*16v*] çion, uen-
dria en un Juisial [156] comprehender de ellos, assi (sin duda) el
filosofo con sus doctos difinitiones, sean de uirtudes ó de uiçios,
cosas de poliçia publica ó de gouierno priuado, hinche [157] ala
memoria con muchos infalibles fundamientos de sauiduria, los
quales todauia se hechan en escuridad adelante [158] de la imagina-
tiua y Jusgatiua potençia, si no esten iluminados y al claro figurados
por el hablante retrato dela poesia. Tullio toma grand trabaJo
y muchas uezes no sin ayudas poeticas para hazer nos conosçer
la fuerça que en nosotros tiene el amor dela patria: oygamos
solamente al vieJo Anchises hablando en medio delas llamas de
Troya, o ueamos a Vlisses en la abondançia delos deleytes de
Calipsoe lamentar por ser absente dela esteril y mendiga Ithaca .
la Jra (dixeron los Stoycos) era un furor breue; Sophocles trayga
si quiere sobre el tablado a Aiax [159] matando ó açotando oueJas
y bueyes, pensandolos de ser el armado de los Griegos [160] con sus
generales Agamenon y Menelao; y digame sy no tiene [161] un mas
familiar conoscimiento dela ira que no en hallando [*17r*] con los
hombres de escuela a su *Genus* y *Differençia.* mire sy la sauiduria
y la temperãçia en Ulisses y Diomedes, el ualor en Achiles, la
amistad en Nyso y Erialo [162] a un ignorante mismo no trae un
manifiesto resplandor: y al contrario, el remordimiento en Oedi-
po; la bien presto arrepentida superbia en Agamenon; la crueldad
tragadora de sy misma en Atreo; [163] la uiolençia de la ambiçion
en los dos Thebanos hermanos; la amarga dulçura dela uengança
en Medea; y para caer mas baJo, el Gnato Terençiano y el
alcahuete de nuestro Chauçero [164] tan bien espressados, que agora

---

[155] "wel in modell" (D$_{1v}$).
[156] "iudicial" (D$_{1v}$).
[157] "replenisheth" (D$_{1v}$).
[158] "which notwithstanding lie darke before..." (D$_{1v}$) — *hechan*, "echan."
Used often by translator.
[159] "let but *Sophocles* bring you *Aiax* on a stage" (D$_2$).
[160] "the Army of Greeks" (D$_2$) — *armado*, "armada."
[161] "and tell me if you haue not..." (D$_2$).
[162] "*Eurialus*" (D$_2$).
[163] "the selfe deuouring crueltie in his father *Atreus*" (D$_2$).
[164] "our *Chawcers Pander*" (D$_2$).

usamos de sus nombres para significar sus offiçios. y finalmente
todas las uirtudes, uiçios y passiones tan al uiuo puestos adelante
delos oJos, [165] que no paresçe que los oygamos sino claramente
penetrarlos con la uista. mas tambien en la mas excelente deter-
minaçion de la bondad, que conseJo de filosofo puede tan presto
derigir a un prinçipe como el fingido Ciro en Xenophonte? o a un
hombre uirtuoso en qualquiera fortuna como el Eneas de Vergilio?
o a una republica entera como la uia del Eutopia [*17v*] de Thomas
moro [166] Digo, la uia, por que donde errò el Thomas moro fue
la culpa del hombre y no del poeta: por que aquella uia de haser
dechado de una republica [167] fue muy absoluta, aunque quiça el
no la cumplio tan absolutamente. [168] por que la question es . sy la
fingida imagen dela poesia, ó la reglar instruççion del filosofo, tiene
mas fuerça para eseñar [169] . en lo qual. sy los filosofos se han
mostrado mas a derechas filosofos, que los poetas han llegado al
mas alto colmo [170] de su profession (como en uerdad *Mediocribus*
esse poetis, non dij non homines, non concessere columnæ) esto
es (otra uez lo digo) no la culpa del arte, sy no que muy pocos pueden cumplidamente alcançar la perfeççiõ de aquella arte. Çierto
nuestro Saluador Iesu Xp̃õ [171] tan bien pudo dar los comunes
lugares morales dela sin Charidad y dela humildad [172] como dio
la diuina enarraçion de *Diues et Lazarus,* del Rico y de Lazaro; [173]
y [174] dela disobediençia y misericordia, como dio aquel celestial
discurso del hiJo prodigo y pa[dr]e piadoso: sino que su todo
sabidora sabiduria [175] su[po] que el estado del rico quemando en
el [*18r*] infierno y de lazaro enel seno de Abraham, mas constantemente, como fuera, [176] moraria assi en la memoria como enel

---

[165] "so in their owne naturall states, laide to the view" (D₂).
[166] "or a whole Common-wealth, as the Way of Sir Thomas Moores
Eutopia" (D₂-D₂ᵥ).
[167] "of patterning a Common-wealth" (D₂ᵥ).
[168] "though hee...hath not...performed it..." (D₂ᵥ).
[169] "reguler" (D₂ᵥ) — *reglar,* "relativo a una regla" *(Dicc. Ac.)* — *eseñar,*
cf. "enseñar."
[170] "to the high toppe" (D₂ᵥ).
[171] abr. for *Christo.*
[172] "of vncharitablenesse and humblenesse" (D₂ᵥ).
[173] Translation added.
[174] "or" (D₂ᵥ).
[175] "his through searching wisedome" (D₂ᵥ).
[176] "as it were" (D₂ᵥ).

Iuisio delos hombres. uerdaderamente quanto a my, ueo (me paresçe) adelante de mis oJos la desdeñosa prodigalidad del perdido hijo buelta a tener inuidia ala comida de un cochino: los quales por los doctos Theologos [177] no se piensan de ser actos historicos si no parabolas que enstruyen. Para concluir, digo, el filosofo enseña, mas eseña [178] oscuramente, tal que solos los doctos le pueden entender, que quiere deçir enseña alos que ya son enseñados . mas los Poetas son el manjar de los mas tiernos estomagos, el poeta çierto, es el uerdadero popular filosofo, de lo qual las fabulas [179] de Esopo dan una buena prueua, cuyas bonitas alegorias iendo hurtadamente debajo delos formales cuentos de bestias, hase á muchos mas bestiales que las bestias, començar de oyr el son dela uirtud por estos animales mudos

Cap. 12. se responde a algunas
raçones que se pueden alegar
en fauor del historiador   [*18v*]

Mas agora se puede alegar que si esto imaginar de cosas sea tan apto para la imaginaçion . entonçes por fuerça el historiador ha de sobrepuJar . el qual trae las imagines de cosas uerdaderas, quales uerdaderamente se han hecho y no quales fantastica, ó falsamente se pueden presuponer auerse hecho. Cierto Aristoteles mismo en su discurso de la poesia, llanamente ha resuelto esta question, en deçir que la poesia es *Philosophoteron* y *Spoudaioteron* [180] . que quiere deçir, es mas filosofical [181] y mas que historia . su raçon de el es por que la poesia trata de *Catholou* .esto es. de la consideraçion uniuersal y la historia de *Cathecaston* la particular . agora diçe el, las uias uniuersales que cosa se deue deçir o haser, en aparençia o en necessidad lo qual el poeta [182] considera

---

[177] "*Diuines*" (D$_{2v}$).
[178] *eseña,* "enseña."
[179] "Tales" (D$_3$).
[180] For these and the other two words below, Sidney uses Greek letters (cf. D$_3$).
[181] "Philosophicall" (D$_3$).
[182] "the vniuersall wayes what is fit to be said or done, either in likelihood or necessitie, which the Poesie..." (D$_3$).

en sus nombres postisos, [183] y el particular solo aduierte sy Alcibiades hiso ó padesçio esto o esto otro. Hasta aqui Aristoteles . la qual raçon suya de el, como todo lo suyo, es muy llena de raçon . por que cierto sy la question fuesse qual fuera mejor un acto particular de ser uerdadera ó falsamente declarada, no se duda qual se auia de escojer, no [*19r*] mas que sy quisieredes mas presto el retrato de Vespasiano Justo como era, que conforme ala uoluntad del pintor, no semejandole en nada . però sy la question sea por uuestro uso proprio y doctrina, qual sera mejor que sea espressado como deuia de ser, o como fue; entonçes çierto es de mas doctrina el fingido Ciro en Xenophonte, que el uerdadero Ciro en Justino. y el fingido Eneas en Virgilio, que el uerdadero Eneas en Dares Phrigio: como a una dama que desseara de assimilar [184] su semblante a la mas buena graçia, un pintor la hisiera mas prouecho en haserla un retrato de una cara graçiosissima escriuiendo Canidia sobre ello, que en retratar a Canidia como era, la qual Horaçio Jura que fue muy fea. [185] Sy el poeta hase su offiçio como deue no os mostrara en Tantalo, Atreo, y otros tales, nada que no sea de huyr, en Ciro, Eneas, y Ulisses todo de ser imitado: donde el historiador obligado de Contar las cosas como fueron, no puede ser liberal si no es poetico, de un perfecto dechado. sino como en Alexandro y Scipion mismo de mostrar hechos algunos que agradan, otros que disagradan; y [*19v*] entonces como podreis hechar de uer, que se ha de imitar, sy no [186] por uuestra propria discreçion la qual haueis tenido sin auer leido a Q. Curtio. y adõde se puede deçir aunque en la uniuersal consideraçion dela doctrina, el Poeta preualesce, toda uia la historia en deçir tal cosa se hiso, assigura mas a un hombre en lo que ha de seguir. [187] la respuesta es clara, por que sy se esta sobre lo que ha sido, como si quisiera arguir por que ha lluuido ahier, por esso deuiera de llouer oy, entonçes sy ua deçir la uerdad tiene alguna uentaJa

[183] "imposed" (D₃).
[184] "to fashion" (D₃ᵥ).
[185] "was full ill fauoured" (D₃ᵥ) — Canidia was portrayed by Horace as the epitome of ugliness (*Epodes*, V).
[186] "then how wil you discerne what to follow, but..." (D₃ᵥ).
[187] "yet that the Historie in his saying such a thing was done, doth warrant a man more in that he shall follow." (D₃ᵥ).

para con un hombre grossero y de tosco entendimento [188] . mas si
el sabe que un exemplo informa una semeJanza conjecturada. y
assý se uaya con la raçon, el poeta le lleua tanta uentaJa, quanto
ha de fabricar y formar su exemplo [189] con lo que esta mas llegado
a la razon, sea en cosas militares, politicas, ó priuadas, adonde el
historiador en su sensillo (ha sido) tiene [190] muchas uezes lo que
llamamos la fortuna para enseñorear [191] ala meJor sabiduria . muchas uezes es menester que cuente acaescimientos. de que no sabra
dar la causa, y si lo hase es menester [20r] que sea poeticamente.
para esto un exemplo fingido tiene tanta fuerça para enseñar, como
el uerdadero (por que quanto al mouer, esta claro, pues el fingido
puede ser torçido a la mas alta clauija dela passion). [192] tomemos
un exemplo en que concurrieron el historiador y el poeta. Herodoto y Justino entrambos atestiguan, que Zopiro el fiel criado de
Dario, uiendo que resistieron mucho tiempo a su amo los rebeldes
de Babilonia, se fingio ser en la estrema disgraçia de Su Rey, y
por uerificar esto [193] se hiso cortar á sy mismo las narizes y las
orejas, y assy huyendo [194] alos Babilonios fue de ellos receuido,
y por su conosçido ualor tan acreditado, que halló modo de entregar los a Dario . muy semejante cosa escriue Liuio de Tarquinio
y su hijo. Xenophonte excelentemente fingio otra tal estratagema
que hiso Abradates, por parte de Ciro. agora desseara sauer [195]
si se os offreciesse la occasion de seruir a uuestro Rey por tal
dissimulaçion honesta, por que no selo aprẽdreis tanto bien dela
fiction de Xenophonte, como dela uerdad de los otros: [196] y çierto
tanto mejor que uendreis a saluar las narizes con la [20v] mer-
cançia, [197] por que la dissimulaçion de Abradates no llego á tanto.

---

[188] "then indeede hath it some aduantage to a grosse conceit." (D_{3v}).
[189] "But if hee knowe an example onely enformes a coniectured likelihood, and so goe by reason, the *Poet* doth so farre exceed him, as hee
is to frame his example..." (D_{3v}).
[190] "where the *Historian* in his bare, was, hath..." (D_{3v}).
[191] "that which we call fortune, to ouerrule..." (D_{3v}).
[192] "since the fained may be tuned to the highest key of passion" $[D_4]$.
[193] "for verifying of which" $[D_4]$ — to give veracity.
[194] "flying" $[D_4]$.
[195] "Now would I faine knowe" $[D_4]$.
[196] i.e., Historians.
[197] "as you shall saue your nose by the bargaine." $[D_4]$.

assi pues lo mejor del historiador esta sujeto al poeta, por que qual
quiera accion ó faccion, [198] qualquier consejo, poliçia o ardid de
guerra que el historiador esta obligado a recitar, esto puede el
poeta si quiere [199] con su imitacion haser suyo: hermoseandolo
assi para mas enseñar como para mas deleytar como fuere seruido: [200] teniendo todo desde el Cielo hasta el infierno de Dante
debaJo de su pluma, lo qual sy se me pregũte que poetas lo han
hecho, como bien pudiera nombrar algunos, todauia digo y redi-
go, [201] que hablo de la arte y no del artifice. Agora alo que
comunemente se atribuye al loor dela historia, en respeto dela
notable doctrina que se halla en notar el successo delas cosas,
como sẏ en esso el hombre uiesse la uirtud ensalçada y el uiçio
castigado: cierto esta alabança es particular [202] dela poesia, y lexos
dela hẏstoria; por que deueras la poesia siempre muestra la
uirtud assi atauiada en sus mejores colores hasiendo a la fortuna
ser su muy seruidora criada, [203] que es fuerça que el hombre se
[21r] enamore de ella. bien podreis uer a Vlisses en una tempestad
y otros duros trançes, mas no son sino excercicios de su paçiençia
y magnanimidad, para hazerlas reluzir mas en la prosperidad que
luego despues le seguio . y al contrario sy los hombres malos
uienen enel tablado, siempre salen fuera (como el tragico respon-
dio a uno, a quien disagrado la muestra de tales personages) tan
maniatados que poco animo dan alas gentes de seguir y imitarlos .
mas la hystoria siendo captiuada a la uerdad del loco mundo
muchas ueçes es un terror [204] al bien haser, y da animo ala disen-
frenada maldad . por que no uemos al ualeroso Milçiades pudrir
en sus esposas? al Justo Phoçion. y al Cumplido Socrates hechos
morir como traẏdores? al Cruel Seuerno uiuir en prosperidad?
Al excelẽte Seuero miserablemente muerto a trayçion? [205] a Silla

[198] "faction" [D₄].
[199] "if hee list" [D₄].
[200] "as it please him" [D₄].
[201] "and say again" [D₄ᵥ].
[202] "peculier to" [D₄ᵥ].
[203] "making fortune her well-wayting handmayd" [D₄ᵥ].
[204] "terror" [D₄] — deterrent, obstacle.
[205] "Seuerus" [D₄ᵥ]. The evil one is Lucius Septimius Severus (A.D. 146-211); the other, Marcus Aurelius Severus Alexander (A.D. 208-235) — both were Roman emperors.

y Mario muriendo en sus camas? a Pompeio y Ciceron matados entonçes, quando tendriã al distierro por feliçidad? no uemos al uirtuoso Caton forçado de matar a sy mismo, y al rebelde Cesar tan exaltado,[206] que su nombre aun despues de [21v] 1616 años[207] dura enel mas alto honor? y note solamente las palabras del mismo Cæsar[208] del dicho Silla (que en esso solo hiso[209] honestamente en escriuir su[210] dishonesta Tyrania) *Literas nesciuit:* como sy la falta de letras le hiso haser bien . no lo entendio por la poesia, la qual no se contenta con los castigos de este suelo, mas inuenta nueuas penas y tormentos enel infierno para los Tyranos: ny aun por la filosofia, que enseña *Occidentes esse,*[211] mas sin duda lo entendio por la Sciencia delas historias.[212] porque esta ueramente puede dar os Cipselo, Periander, Phalaris, Dionisio, y no se que tantos otros dela misma ralea, que les ha ido assaz bien[213] en su abhominable inJusticia dela usurpaçion . concluyo pues que auentaja ala historia, no solo en proueer el alma de Sciencia,[214] mas tambien en incitarla alo que meresçe ser llamado y estimado bueno: qual incitar y mouer al bien hazer, realmente pone la corona de laurel en la caueça del Poeta como al Victorioso, no solo sobre el historiador, sino tambien sobre el filosofo, como quiere que en el enseñar puede hauer question.[215] [22r]

---

[206] "so aduanced" [D$_{4v}$].
[207] "1600. yeares" [D$_{4v}$]. Cf. Intr.
[208] "And mark but euen *Cæsars* own words" [D$_{4v}$].
[209] The subject is Cæsar.
[210] *Su* refers to *Silla.* According to Suetonius (*De vita Caesarum,* Book I, lxxvii), when Sulla resigned as dictator, Caesar said that *Sullam nescisse litteras, qui dictaturam deposuerit* ("that Sulla did not know his A.B.C. when he laid down his dictatorship"). The pun is on the word *dictatura,* which may mean both dictatorship and dictation, writing.
[211] *"Occidentos esse"* (E$_1$).
[212] "by skill in History" (E$_1$).
[213] "of the same kennell, that speed well inough" (E$_1$) — *ralea,* "especie, género" *(Dicc. Ac.).*
[214] "the minde with knowledge" (E$_1$).
[215] "howsoeuer in teaching it may be questionable" (E$_1$) — as to whether poetry or philosophy teaches better.

Cap: 13 que el poeta si no
enseña mas, alomenos mue-
ue mucho mas ala uirtud
que el filosofo moral

Mas presuponga que sea dado [216] lo que yo pienso con grande
razon puede ser negado, que el filosofo en respeto de su proceder
methodico, enseña mas perfectamente que el poeta, toda uia pienso
que nadie es tanto *Philo-Philophos,* [217] y amador dela filosofia, [218]
como a comparar el filosofo con el poeta enel mouer. y que el
mouer es grado mas alto que el enseñar, por esto se puede hechar
de uer, [219] que es casy lo uno y lo otro la causa y el efeto del
enseñar. por que quien querra ser enseñado, syno esta mouido
con el desseo de ser enseñado? y que tanto bien haze aquel enseñar (hablo siempre dela doctrina moral) como que mueue ala
persona a haser lo que enseña. porque como diçe Aristoteles, no
es *Gnosis* y speculaçion [220] sino *Praxis,* la practica que ha de ser
el fructo, y como *Praxis* puede ser sin ser mouido ala practica, no
es cosa dificil de considerar. El filosofo os muestra el camino, os
enforma [221] delas parti- [22v] cularidades assi del fastidio del Camino, como del agradable posada que aueis de tener despues de
acabada la Jornada, como de las muchas sendas desuiaderas que
os pueden diuertir [222] de uuestro camino; mas esto no es para
nadie si no para quien lo quiere leer, y que le lee con atento
estudioso trabaJo, qual constante desseo quien lo tiene, ya ha
passado [223] la mitad del fastidio del camino, y por esso no esta
obligado al filosofo si no por la otra mitad. ansi uerdaderamente
hombres doctos doctamente han pensado, que quando una ues

---

[216] "it be granted" (E₁).
[217] Sidney uses Greek letters for this and for the other Greek words
below. *Philophos* for *Philosophos.*
[218] Explanation added by the translator.
[219] "it may by this appeare" (E₁).
[220] *y speculaçion* — added by translator.
[221] "hee enformeth you" (E₁ᵥ) — *enforma,* ant. ("informa").
[222] "as of the many by turnings that may diuert you" (E₁ᵥ) — *diuertir,*
cf. Lat. divertĕre, "apartarse" (Cor.).
[223] "which constant desire, whosoeuer hath in him, hath alreadie
past..." (E₁ᵥ).

la razon aya tanto enseñoreado ala passion, que el alma tiene
libre desseo de hazer bien, la luz interior que en sẏ tiene el entendimiento de cada uno, [224] es tan bueno como un libro de filosofo,
pues naturalmente sabemos que es bueno el hazer bien, y lo que
es bueno y lo que es malo, sy bien no en las palabras y terminos
del arte, los quales dan los filosofos: por que delos conceptos
naturales los filosofos los han saccado; mas el ser mouido a haser
lo que sabemos, o ser mouido con desseo de sauer, *Hoc opus hic
labor est.* aqui es el trabajo. [225] agora en esso de todas las Sciencias
(hablo siempre delas humanas y segun el [*23r*] concepto humano)
nuestro poeta es el Monarcha: por que no solo muestra el camino,
mas da tan dulce y agradable prospeto y uista al camino, [226] que
prouoca a qualquiera de entrar en el. ansi, hase como si uuestra
Jornada estuuiesse por una muy hermosa uiña, al principio os da
un raçimo de uuas para que lleno de aquel gusto se os antoje de
passar mas adelante . no comiença con escuras difiniciones que
es menester haser burrones [227] en la margen con la interpretaçion,
y cargar a la memoria con grandes dudas: mas os uiene con
palabras puestas en una deleytosa proporçion, o acompañadas o
preparadas por la bien encantadora Sciençia [228] de la musica, y
con un cuento; por cierto os uiene con un cuento, [229] que detiene
alos muchachos del Juego, y alos uieJos del Canton dela Chime-
nea; [230] y no pretendiendo mas, propone el ganar la alma [231] dela
malignidad para la uirtud; Justo como el niño se trae a tomar [232]
cosas muy saludables, con esconderlas en otras tales que tienen
gusto agradable, que sy uno començasse a deçir les la naturaleça
del *Alloes.* o *Rhabarbarum* que [*23v*] auian de tomar, ellos mas
presto tomarian su mediçina por los oydos que por la boca. assi
ua con los hombres (cuya mayor parte niñean [233] en las mejores
cosas, hasta que son puestos en la cuna de su sepultura) se holga-

---

[224] "each minde hath in it selfe" (E_{1v}).
[225] Sidney does not translate Latin phrase.
[226] "but giueth so sweete a prospect into the way" (E_{1v}).
[227] *burrones,* "borrones."
[228] "skill" (E_2).
[229] "and with a tale forsooth he commeth vnto you" (E_2).
[230] "Chimney corner" (E_2).
[231] "the minde" (E_2).
[232] "is often brought to take" (E_2).
[233] "are childish" (E_2).

ran de oyr los cuentos de Hercules, Achilles, Ciro y Eneas, y
oyendo los, es fuerça que oygan la uerdadera discripçion dela
sabiduria, ualor, y Justiçia, las quales si fuessen sensillamente
(esto es) filosoficamente espressados y declarados, Jurarian que
los lleuauan ala scuela otra uez. aquella imitaçion de que es la
poesia, tiene la mayor conueniençia con la naturaleça de qualquiera otra: entanto que, como dice Aristoteles, aquellas cosas
que de suyo son horribles como batallas crueles, monstros sin
naturaleça, [234] son hechos en la imitaçion poetica deleitosos. cierto
conosçi hombres que con el solo leer Amadis de Gaule, que Dios
sabe, falta mucho de una perfeta poesia, han hallado sus coraçones
mouidos al excercicio dela curtesia, liberalidad, y prinçipalmente
del ualor. quien lee a Eneas lleuãdo [24r] al uiejo Anchises a
cuestas, que no dessea q' fuesse su uentura de haser un acto tan
excelente? a quien no mueuen estas palabras de Turno (el cuento
de Turno auiendo ya plantado su retrato en la imaginaçion) *Fu-
gientem hæc terra uidebit? usque adeo ne mori miserum est?*
Adonde los filosofos (como á ellos paresce) desdeñan y escar-
nesçen de deleytar, [235] assi es menester que se contenten de mouer
poco; saluo el contrastar sobre sy la uirtud es el prinçipal o el
solo b:en; qual es meJor la uida contemplatiua o la actiua; lo
que Platon y Boeçio [236] bien supieron: y por esso hisieron a la
señora Filosofia muchas uezes tomar prestado los uestidos de mascara dela poesia. [237] por que los mismos hombres malos de coraçon enduresçido, que tienen a la uirtud por palabra de escuela [238] y no conosçen á otro bien que *indulgere genio:* y por
esso menospreçian la austera admoniçion del filosofo, y no sienten
la raçon intrinsica sobre que esta: [239] con todo esso se contentaran
de ser deleytados, que es todo lo que el buen compañero del
poeta [24v] paresce de prometer, y assi a hurtadillos uan uiendo
la forma dela bondad (a la qual uista no pueden dexar de amar) [240]

---

[234] "vnnatural monsters" (E_2).
[235] "scorne to delight" (E_{2v}).
[236] *"Poetius"* (E_{2v}).
[237] "the masking raiment of *Poesie*" (E_{2v}).
[238] "who thinke vertue a schoole name" (E_{2v}).
[239] "they stand vpon" (E_{2v}).
[240] "and so steale to see the form of goodness, (which seene, they
cannot but loue)" (E_{2v}) — *a hurtadillos,* "a hurtadillas."

antes que ellos mismos en ello aduierten, como sȳ uuieran tomado
una medicina de çeresas

Cap. 14. dos exemplos delos
marauillosos efetos de la
Poesia

Infinitas prueuas delos marauillosos [241] efetos de esta inuençion
poetica se pudieran alegar, dos solo seruiran que tantas ueçes se
traen ala memoria, que creo todos las saben. la una de Menenio [242]
Agrippa, el qual quando todo el pueblo romano resolutamente
se diuidieron del Senado con euidente muestra de estrema ruyna,
aunque fue [243] por aquel tiempo un Excelente orador, no uino entre
ellos sobre la confiança de un hablar figuratiuo o artifiçioso in-
sinuarse y ganarles, y mucho menos con las lexos deduçidas [244]
maximas dela filosofia, las quales particolarmente sy fuessen Pla-
tonicas, seria menester que uuiessen aprendido la Geometria antes
que las pudiessen bien entender [25r] mas por çierto, el se uuo [245]
como un simple y familiar poeta. Cuentales un cuento, que auia
un tiempo, quando todas las partes del cuerpo hisieron una con-
Jura amotinadora contra la barriga, la qual pensauan que tragaua
los fructos de los trabaJos de cada una, concluyeron que dexarian
a un miembro tan inutil [246] morir de hambre . en fin, para abreuiar-
lo, (por que el cuento es notorio, y tan notorio es que fue cuento)
con castigar ala barriga castigaron a sy mismas; [247] esto por el
aplicado, hiso tal efeto enel pueblo, como nunca he leydo que
palabras solas ayan produçido sino entonçes, una tan repentina
y tan buena alteraçion y mudança; por que sobre raçonables
condiçiones se seguio una perfeta reconciliaçion. la otra es del
Profeta Nathan, el qual, quando el Santo Dauid uuo tanto dexado
a Dios, como de confirmar el adulterio con homiçidio, estando

---

[241] "straunge" (E_{2v}).
[242] *"Menemus"* (E_{2v}).
[243] The subject of the sentence is Menenio Agrippa.
[244] "came not amôg them vpon trust either of figuratiue speeches, or
cunning insinuations, and much lesse with farre fet..." (E_{2v}).
[245] "he behaueth" (E_3).
[246] "so vnprofitable a spender" (E_3).
[247] The agreement is still with *partes*.

para hazerle el mas tierno officio de un amigo, en poniendole a
su uerguença propria delante de sus ojos; enbiado por dios para
llamar otra uez a un tan elegido Sieruo, como lo hase? Sinó [*25v*]
con contarle de un hombre, cuyo amado corderillo fue ingrata-
mente lleuado de su seno: la aplicaçion muy deuinamente uerdadera, mas el discurso mismo fingido; lo qual hiso a Dauid (hablo
de la causa segunda y instrumental) como en un espejo uer a su
propria fealdad y delito, [248] como aquel celestial psalmo del *Mise-*
rere, [249] bien atestigua. por estos pues exemplos y raçones, pienso
que puede ser manifiesto, que el poeta con aquella misma mano
de deleyte, tira el alma [250] con mayor eficaçia que no hase ninguna
otra arte. y assi una conclusion no descordemente sigue; que como
la uirtud es el mas excelente lugar de reposo, para toda mundana
doctrina de haser de ella su fin, assi la poesia siendo la mas
familiar [251] para enseñarla, y las mas principal [252] para mouer hazia
ella, [253] es el mas excelente artifice [254]

Cap. 15 dela poema pastoral,
elegiaca, Iambica, Satyrica, Comica y Tragica

Pero me contento no solo de decyfrar la poesia por sus obras
(aunque las obras en alabança y disloor [*26r*] por fuerça siempre
han de tener una alta authoridad) sino mas estrechamente quiero
examinar sus partes, de manera que (como un hombre) sy bien
todo Junto puede lleuar una presencia llena de Magestad y hermosura, quiça en alguna defetuosa parte podemos hallar falta en el. [255]
agora a çerca de sus partes, generos, ó speçies, como las quiere

---

[248] "his owne filthinesse" (E_3).
[249] "Psalme of mercie" (E_3).
[250] "doth draw the mind" (E_3).
[251] "familiar" (E_{3v}) — appropriate.
[252] "and most Princely" (E_{3v}).
[253] Omitted by translator: "in the most excellent worke" (E_{3v}).
[254] "workeman" (E_3).
[255] In this section, gender agreement is rather confusing. The source
of the confusion may be traced to the English, for Sidney uses masculine
pronouns in referring to poetry. Cf.: "Now in his parts, kindes, or *species,*
as you list to tearme them, it is to be noted, that some *Poesies* haue
coupled togither two or three kindes..." (E_{3v}).

nombrar, es de notar, que algunas Poesias han Juntado dos o
tres generos, como el Tragico y comico, de que ha uenido el tragi-
comico; algunos enel modo han Juntado la prosa y el uerso, como
Sanazaro[256] y Boecio; algunos han mesclado cosas heroicas y
pastorales; mas todo uiene a uno en esta question, porque sy
separados son buenos, el Juntarlos no puede ser dañoso: por
esso oluidando a algunos y dexando a otros como no neçessarios
de ser mentados, no sera malo en una palabra de citar alos
generos[257] particulares, para uer que faltas se pueden hallar en
el uerdadero uso de ellos. Es pues la poema pastoral que disagrada? (por que por uentura adonde es mas baxo el uallado, por
ally mas presto lo saltaran) la pobre Çampoña sy esta desdeñada,
que algunas [26v] ueçes fuera dela boca de Melibeo puede muestrar
la miseria delas gentes debaxo de duros Señores y de soldados
rapaçes? y otra uez por Tytiro, que bienauenturança les uiene a
los que se hechan mas baxo, dela bondad delos que se assientan
mas alto? algunas ueçes debaxo delos bonitos cuentos de lobos
y ouejas, puede incluyr la total consideraçion del JnJuriar y dela
paçiençia; algunas ueçes muestrã que las contençiones por Juguetes[258] no pueden alcançar sino la uictoria de Juguete; a donde
quiça un hombre puede uer, que el mismo Alexandro y Dario
quando contrastaron qual auia de ser el gallo del muladar de
este mundo,[259] el benefiçio que hallaron, fue, que los que despues
de ellos uiuen pueden deçir *hæc memini et uictum frustra con-
tendere Thirsim. Ex illo Coridon Coridon est tempore nobis.* O
es el lastimoso elegiaco, que en un coraçon benigno mas presto
moueria compassion que culpa? el qual lamenta con el grand filosofo Heraclito, la flaquesa del genero humano y la miseria del
mundo: quien cierto es de loar se o por el piadoso acompañar
las Justas [27r] causas de lamentaçiones, o por el debuxar a derechas quan flacas son las passiones dela tristeça.[260] es el amargo,
peró saludable Jambico que friega ala dissollada consçiencia[261]
en haser la uerguença ser trompeta dela uillaqueria. con atreuida

---

[256] *"Sanazara"* (E$_{3v}$).
[257] "kindes" (E$_{3v}$).
[258] "contentions for trifles" [E$_4$].
[259] "Cocke of this worldes dunghill" [E$_4$].
[260] In Sidney's text, the sentence ends with a question mark.
[261] "who rubbes the galled minde" [E$_4$].

y abierta exclamaçion contra la maldad? [262] o es el Satyrico, el
qual *Omne uafer uicium* [263] *ridenti tangit amico,* que en modo de
holgarse [264] nunca acaba hasta haser el hombre reirse de la locura;
y al fin tener uerguença de reir de sy mismo; [265] lo qual no puede
euitar sin euitar la locura? que [266] mientras *Circum præcordia*
ludit, nos hase sentir, quantos dolores de cabeça nos trae una
uida apassionada? como quando todo se acaba, *Est ulubris,* [267]
animus si nos non deficit æquus. no, quiça que es el Comico. a
quien, los que hasen malas comedias y los malos farsantes [268] con
razon han hecho odioso. alos argumentos del abuso yo respondere
despues. solamente esto tanto agora se ha de deçir, que la comedia es una imitaçion delos comunes errores de nuestra uida,
los quales ella representa en la [27v] mas ridicula manera y mas
llena de escarnio q' puede ser: de modo que es impossible que
alguno delos miradores [269] se pueda contentar de ser tal. agora
como en la Geometria, es menester conosçer el obliquo tanto
bien como el recto, y en la Arithmetica, tanto bien nones como
pares, assi en las acciones de nuestra uida, quien no uee la fealdad
del malo, le falta grand trecho [270] para percebir y hechar de uer
la hermosura dela uirtud. esto trata la comedia de tal manera
en nuestras particulares y domesticas cosas, que con oyr le halla-
mos, como si fuera, una experiençia [271] delo que se ha de esperar de
un miserable Demea, de un astuto Dauo, de un lisongero Gnato,
de un uanaglorioso Thraso: [272] y no solo saber que efetos se han de
esperar, mas tambien conosçer quienes son tales por el blason
que los significa, lo qual les dio el Comediante. y poca razon
tiene alguno para deçir, que los hombres aprenden el mal por uerlo
representado, pues como dixe antes no ay hombre uiuo, por

---

[262] "naughtiness" [E₄].
[263] "*vitium*" [E₄].
[264] "who sportingly" [E₄].
[265] "and at length ashamed, to laugh at himself" [E₄].
[266] "who" [E₄].
[267] "*Vlubris*" [E₄] — name of city mentioned by Horace, a proverbially
God-forsaken place.
[268] "naughtie Play-makers and stage-keepers" [E₄].
[269] "any beholder" [E₄ᵥ].
[270] "who seeth not the filthinesse of euill, wanteth a great foile..."
[E₄ᵥ].
[271] "wee get as it were an experience" [E₄ᵥ].
[272] *Thraso,* and below *blason* seem to be written with a *J*.

la fuerça que la uerdad tiene en la naturaleça, no mas presto uee
a estos hombres representar [*28r*] sus partes, que no los dessea
uer moler enel *pristrino* o molina, [273] sy bien quiça, el Sacco de
sus proprias faltas esta tan atras de sus espaldas, que no ueen a
sy mismos baylar el mismo bayle: para lo qual toda uia nada
puede tanto abrirles los ojos, como uer a sus proprias acciones
dispreciadamente representadas. de modo que el uerdadero uso
dela Comedia (yo pienso) no sera de nadie culpado; y mucho
menos dela alta y Excelente tragedia, que discubre las mas grandes heridas, y muestra las llagas que son cubiertas de brocado, [274]
que hase alos Reys temer de ser Tyranos, y alos Tyranos de Mani-
festar sus Tyranicos humores, que con mouer los afectos dela
admiraçion y comiseraçion enseña la incertidombre de este mundo,
y sobre que flacos fundamentos los techos dorados se fabrican:
que nos haze sauer *Qui Sceptra Sœuus duro imperio regit, Timet
timentes metus in authorem redit.* Pero quanto puede mouer,
Plutarcho da un notable testimonio del abominable Tyrano Alexandro Phereo, de cuyos ojos una tragedia bien hecha y represen-
tada, hiso salir abundançia de [*28v*] lagrimas, el qual sin todo
genero de piedad, hiso matar a trayçion muchissimos, [275] y entre
ellos algunos de su propria sangre: de manera que aquel que
no tenia uerguença de dar la materia para tragedias, toda uia no
pudo resistir ala dulçe uiolencia de una tragedia. y si no obro
en lo adelante mas bien en el, fue, que el en dispecho de Sy
mismo, [276] se retiro para no oyr aquello que pudo ablandar su
enduresçido coraçon. mas no es la tragedia que les disagrada, por
que assi seria demassiado disuario, [277] hechar fuera tan Excelente
representaçion de todo quanto es dignissimo de ser aprendido

---

[273] *"Pistrinum"* [E$_{4v}$]. Translation not in Sidney's text.
[274] "and sheweth forth the *Vlcers* that are couered with *Tissue*" [E$_{4v}$].
[275] "had murthered infinite numbers" (F$_1$).
[276] "in despight of himself" (F$_1$).
[277] "absurd" (F$_1$).

Cap. 16. dela poema lirica y
heroica y la conclusion de
todo lo que se ha dicho en
loor de la Poesia

Es pues el lirico que da mas disgusto? el qual con su acordada
lȳra, y bien entonada uoz, da loores (el premio de la uirtud) alos
actos uirtuosos, el qual da preceptos morales y problemas naturales, [278] el qual algunas ueçes leuanta [*29r*] su uoz ala altura de
los Cielos en cantar las laudes del imortal Dios? cierto es menester que confiesse mi propria barbariedad, q' Jamas he oydo el
Soneto uieJo de *Perseo* y *Douglas,* [279] que no he hallado a my
coraçon mas mouido que con una trompeta; y aun no se canta
sino por algun çiego ministril, [280] ny con uoz mas ronco, que con
rudo estilo: [281] lo qual siendo tan mal uestido enel poluo y tela-
raña de aquella barbara edad, [282] que obraria sy estuiesse adornado
con la Sumptuosa eloquençia de Pindaro? en Hungaria lo he uisto
ser custumbre en todas las fiestas y otras tales Juntas de rego-
çijo, auer sonetos [283] del ualor de sus antepassados, la qual aquella,
que es una naçion muy ala soldadesca, piensa de ser uno delos
mas principales atizadores para un [un] brauo y bizarro animo. [284]
los imcomparables Lacedemonios no solo lleuaron aquella suerte
de [285] Musica con sigo al campo, mas tambien en casa como tales
sonetos se hazian, assy todos se contentaron de estar los can-
tando: [286] quando los hombres gallardos [287] auian de contar lo [*29v*]
que hazian, los uieJos lo que auian hecho; y los moços lo que
auian de hazer. y donde un hombre puede deçir, [288] que Pindaro
muchas uezes altamente alaba uictorias de poco momento, mas

---

[278] "naturall Problemes" (F_1) — problems related to natural philosophy.
[279] "the old Song of *Percy* and *Duglas*" (F_1).
[280] "blinde Crowder" (F_1).
[281] "with no rougher voyce, then rude stile" (F_1).
[282] "Cobwebbes of that vnciuill age" (F_1).
[283] "songs" (F_{1v}). Also, below.
[284] "one of the chiefest kindlers of braue courage" (F_{1v}).
[285] "that kinde of" (F_{1v}).
[286] "so were they all content to be singers of them" (F_{1v}).
[287] "lustie" (F_{1v}).
[288] "a man may say" (F_{1v}).

presto cosas de passatiempo que de uirtud, como se puede responder que fue la culpa del Poeta y no dela poesia, assy en
uerdad la principal culpa fue enel tiempo y costumbre delos griegos,
que pusieron a estos Juguetes en tan alto precio, que Phelipe de
Macedonia contó a una carrera uencida en Olimpo entre sus tres
medrosas [289] felicidades . mas como el Inimitable Pindaro muchas
uezes hiso, assi es aquel genero mas capaz y el mas apto, para
dispertar los pensamientos del Sueño del oçio para abraçar las
honradas empresas. Resta el heroyco cuyo nombre solo, me paresçe deuria de abatir la presumpçion de todos los detractores.
pues por que concepto [290] puede ser endereçada una lengua para
hablar mal de aquel quien tira y trahe consigo no menores man-
tenedores [291] que Achilles, Ciro, Eneas, Turno, Tydeo, Rinaldo;
quien no solo enseña y mueue a una uerdad, mas enseña y mueue
[30r] a la mas alta y Excelente uerdad; quien haze ala magnanimidad y Justicia reluzir por todos los añublados temores y
oscuros desseos. y sy el dicho de Platon y de Tullio es uerdadero,
quien pudiera uer la uirtud seria marauillosamente enamorado de
ella, [292] este hombre la muestra para hazer la mas amable en su
uestido de fiesta, al oJo de qualquiera que sera seruido de no
desdeñar la [293] hasta entenderla. mas si ya se ha dicho alguna cosa
en la defensa de la dulçe Poesia, todo concurre para mantener
al heroyco, que no solo es un genero, [294] mas el mejor y el mas
principal genero de la poesia. porque como la imagen de cada
Jdea [295] mueue y enseña al entendimento, [296] assi la altiua [297]
imagen de tales ualores enflama al alma con deseo de ser uale-
rosa. [298] lleuese solamente Eneas en uuestro librillo de memoria, [299]
como se gouierna en la ruyna de su patria, en preseruar a su

---

[289] "fearfull" (F$_{1v}$).
[290] "For by what conceit" (F$_{1v}$).
[291] "champions" (F$_{1v}$).
[292] "rauished with the loue of her bewtie" (F$_2$).
[293] "to the eye of anie that will daine, not to disdaine" (F$_2$).
[294] "kinde" (F$_2$). Also, below.
[295] "Action" (F$_2$).
[296] "minde" (F$_2$).
[297] "loftie" (F$_2$).
[298] Omitted by translator: "and enformes with counsaile how to bee
woorthie" (F$_2$).
[299] "the Tablet of your memorie" (F$_2$).

UieJo padre, y lleuar con sigo sus religiosas ceremonias, en obe-
deçer al mandamento de dios con dexar [a] [*30v*] Dido, (aunque
no solamente toda apassionada benignidad, mas la misma consideraçion humana dela uirtuosa gratitud, otra cosa uuiera requeri-
do de el) como en tempestades, como en holganças, [300] como en
la guerra, como en la paz, como fugitiuo, como uictorioso, como
çercado, como cercando, como a estrangeros, como a sus aliados,
como a sus enemigos, como a los suyos, finalmente como en sy
mismo interiormente, y como en su gouierno exterior, y pienso
que en un Animo muy perJudicado con algun humor perJuisial,
sera hallado excelentemente fructuoso. [301] sẏ (como dize Horacio)
Melius Crisippo et Cantore . [302] pero uerdaderamente imagino que
acontesçe a estos açotadores de poetas, como a algunas buenas
mugeres, que muchas ueçes estan infirmas, mas, ala uerdad, no
saben adonde tienen la infirmedad . assi el nombre dela poesia
es a ellos odioso, pero ni su causa ny efetos, ny la summa que
la contienen, ni las particularidades que descienden de ella, no
les dã algun fuerte asydero para sus moteJadores disloores. [303]
Agora [*31r*] pues que la poesia de todas las disciplinas humanas
es la mas ançiana, y de la mas paterna antiguedad [304] como aquella
de donde otras disciplinas han tomado su prinçipio . pues es tan
uniuersal que ninguna naçion docta la menos precia, ny barbara
esta sin ella. pues los romanos y los griegos le han dado nombres
tan diuinos, el uno de profetizar el otro de hazer, y que de ueras
aquel nõbre de hazer es apto para el, [305] considerando que donde
todas las demas artes se retienen dentro de su sujeto y reciben,
como si fuera, [306] su ser de ello, solo el poeta trae sus cosas proprias, y no aprende un concepto de la materia, mas hase la materia

---

[300] "in sports" (F₂).
[301] "and I thinke in a minde moste preiudiced with a preiudicating humour, Hee will bee founde in excellencie fruitefull." (F₂).
[302] "*Crantore*" (F₂ᵥ).
[303] "giue any fast handle to their carping dispraise" (F₂ᵥ).
[304] "and of most fatherly antiquitie" (F₂ᵥ).
[305] "is fit for him [poetry]" (F₂ᵥ). Although the discussion is about poetry, in the Spanish sentence the *el* must refer to *el poeta*. As previously noted, Sidney uses both the neuter and the masculine pronouns to refer to *poetry*. Cf. p. 53 n.
[306] "considering, that where all other Arts retain themselues within their subiect, and receiue as it were..." (F₂ᵥ).

para un concepto. pues ny su discripçion ny fin no continiendo
algun mal, lo que esta discripto no puede ser malo; pues sus
efetos son tan buenos como a enseñar la bondad y deleytar los
discipulos con ello; pues en esto (nombradamente [307] en la doctrina moral, la mas prinçipal de todas las doctrinas) no solo excede mucho al historiador; mas para instruir es casy igual al
filosofo, para mouerle lleua mucha uentaja; pues la sagrada escriptura (en [*31v*] que no ay fealdad ninguna) tiene en sy enteras
partes poeticas, y que el mismo nuestro Saluador Christo se seruio
usar de sus flores: pues todos sus generos [308] no solo en sus formas
unidas, mas en sus repartidas diuisiones, son muy dignas de ala-
barse, yo pienso (y creo que pienso la uerdad) que la corona de
laurel estatuida para los Capitanes triumfadores, meresçidamente
de todas las demas sciencias honra al triumpho del poeta.

Cap. 17. se propone de responder, alos argumentos de momento que se pretenden auer
contra la poesia y primero
se responde a lo que se diçe
contra el mismo
[u]ersificar

Mas agora por que tenemos tambien oreJas como lenguas, y que
las mas ligeras raçones que pueden ser, paresceran de pesar mucho
sy ninguna cosa se pone en la otra balança para contrapesar las,
oygamos y ponderemos lo meJor que podemos, que objectiones
se hazen contra [*32r*] esta arte, las quales puedan ser dignas o de
concederse, ó de responder a ellas . primeramẽte pues aduierto, no
solo en estos *misomusoi*, [309] que abhorresçen a los poetas, [310] mas
en toda aquella suerte de gentes que buscan sus alabanças por el
menospreçio de otros, que ellos prodigamente gastan grande numero de palabras erradizas en motes y mofas, amordazando y

---

[307] "namely" (F_{2v}).
[308] "his kindes" (F_{2v}).
[309] Sidney uses Greek letters.
[310] "Poet-haters" (F_3).

apodando a cada cosa, lo qual con mouer el baço, [311] puede impedir el seso, de no aduertir totalmente en la dignidad del suJeto. este genero de objectiones como son llenas de una muy occiosa façilidad (pues no ay nada de tan sacra Magestad, que una lengua llena de começon, no puede refregrase sobre ello) assi no merescen otra respuesta, que en lugar de reirse de la burla reirse del burlador. Sabemos que un entendimento holgazan, [312] puede loar ala discreçion de un asno, al consuelo de ser endeudado, y a las loçanas comodidades de ser infirmo de la peste. assi al contrario, si queremos boluer al uerso de Ouidio *Vt lateat Vir-* [*32v*] *tus proximitate mali,* que lo bueno se esconda con la uezindad del malo. Agrippa sera tan alegre en mostrar la uanidad dela Sciençia, como lo ha sido Erasmo en alabar la locura: ny ningun hombre ny materia podra escapar de no ser tachado de estos que sonriendose amordazan. [313] pero quanto a Erasmo y Agrippa tenian otro fundamento delo que prometia y mostraua la parte superficial. mas estos otros donosos moteJadores, [314] que quieren corregir al uerbo antes que entienden el nombre, y confutar la Sciençia agena antes de confirmar la suya, solo quisiera que ellos se acordassen, que el moffar no uiene de sabiduria, de modo que el mejor titulo que en buen Jngles alcançan por sus burlas, es de ser llamados buenos locos: pues assy nuestros graues antepassados siempre llamaron aquella antaxadiza [315] suerte de burlones, pero aquello que da mayor trecho [316] a sus humores excarnisadores, es el trobar [317] [y] uersificar. ya se ha dicho (y como pien [so] se ha dicho con uerdad) que no es el trobar [*33r*] y uersificar que haze la poesia: uno puede ser poeta sin uersificar y ser uersifico [318] sin poesia. mas aun, suppuesto que fuera inseparable (como uerdaderamente paresce que Scaligero Jusga bien) cierto seria un loor inseparable. por que sy *ORatio* despues de *Ratio,* la habla despues de la raçon, es el mayor don que se ha

---

[311] "by sturring the spleene" (F_3) — *spleene,* the seat of laughter.
[312] "playing wit" (F_3).
[313] "smiling Raylers" (F_3).
[314] "pleasaunt fault-finders" (F_{3v}).
[315] "humorous" (F_{3v}) — *antaxadiza,* "antojadiza."
[316] "scope" (F_{3v}).
[317] "ryming" (F_{3v}). Also, below.
[318] "versefier" (F_{3v}).

dado a la mortalidad, no puede dexar de ser loable aquello que
haze mas polida esta bendiçion de la habla; que considera cada
palabra, no solamente (como se puede decir) por su forçosa cali-
dad, [319] si no por su mas bien medida cantidad: lleuando aun
en sy mismas una harmonia, saluo que por uentura [320] numero,
medida, orden, proporçion, en nuestro tiempo ha uenido a ser
odioso. pero dexemos el Justo loor que tiene, por ser el unico
hablar conueniente y adaptado para la musica (la musica digo la
que mas diuinamente hiere alos sentidos) esto tanto sin alguna
duda es uerdad [33v] que sy la lectura es loca sin la memoria, [321]
siendo la memoria el unico tesorero dela sciençia, estas [322] palabras
que son mas aptas para la memoria, son tambien las mas conue-
nientes para la sciençia . agora que el uerso excede mucho ala
prosa, enel añudar la memoria, [323] la razon es manifiesta, las palabras (allende de su deleyte que tiene grande affinidad con la
memoria) siendo de tal manera puestas, que no se puede perder
una sin que falte toda la obra: la qual acusando a sy misma
reuoca la memoria en sy, [324] y de esta manera muy fuertemente
la confirma. fuera de que una palabra de tal manera, como si fuera,
engendrandola otra, [325] sea en metro o en uerso medido, que por
la que ua adelante, un hombre tendra un buen tino y conjetura
dela que sigue. [326] finalmente aun aquellos mismos que han enseñado el arte de la memoria, no han mostrado nada tan apto
para ella, como una çierta estançia diuidida en muchos lugares
muy bien conoscidos: agora esto en efeto tiene el uerso perfe-
tamente, cada palabra teniendo su natural assiento lo qual assiēto
[34r] por fuerça haze acordar dela palabra. pero que es menester
mas en cosa a todos tan conoscida? quien es que algun tiempo
ha sido estudiante. que no se acuerde de algun uerso de Virgilio,
Horacio, o Caton lo qual aprendio en su moçedad y aun hasta

---

[319] "not onely as a man may say by his forcible qualitie" (F$_{3v}$) — i.e.,
by the accent.
[320] "without perchance" (F$_{3v}$).
[321] "that if reading be foolish without remembring" (F$_{3v}$).
[322] "those" (F$_{3v}$).
[323] "in the knitting vp of the memorie" [F$_4$].
[324] "which accusing it selfe, calleth the remembrance back to it selfe"
[F$_4$] - *accusing it self* — revealing, betraying itself.
[325] "so as it were begetting an other" [F$_4$].
[326] "by the former a mã shall haue a neare gesse to the follower." [F$_4$].

su uejez por horas le sirue de lection? como *Percontatorem fugito
nam garulus* [327] *idem est. Dum sibi* [328] *quisque placet credula turba
sumus.* [329] mas quanto està acomodado para la memoria, notablemente se prueua por todos los tratados delas artes, [330] en los quales
por la mayor parte, desde la gramatica a la logica, mathematica,
fisica y las demas, las relglas prinçipalmente necessarias para lle-
uarse en la memoria, son recopiladas en uersos de modo que el
uerso siendo de suyo dulçe y ordenado, y siendo lo mejor para
la memoria el unico asidero dela Sciençia, es menester que sea
burlando [331] y no deueras que alguno hable contra ello. [*34v*]

Cap: 18. se responde alo que
se diçe que mejor pudiera el
hombre gastar su tiempo
en otras sciençias mas
fructosas que en la
poesia

Agora pues nos uamos alas mas importantes impusiçiones y objectiones [332] que se les imputan y se hazen contra los pobres
poetas; por lo que yo pude hasta agora saber son estas. [333] lo
primero auiendo muchas otras mas fructuosas sciençias, mejor
pudiera el hombre gastar su tiempo en ellas que en esta. lo segundo que es la madre de mentiras. lo terçero, que es la ama
del abuso, infiçionandonos con muchos pestilenciales desseos, con
la suauidad de una Sẏrene tirando el alma [334] ala serpentina cola
de nuestras fantasias [335] llenas de pecado. y en esto especialmente
las comedias dan el mas ancho campo al oydo, como diçe Chaucero
quanto assi en las otras naçiones como en la nuestra, antes que
los poetas nos han ablandado, estauamos llenos de corage y ualor

---

[327] "*garulus*" [F₄].
[328] "*tibi*" [F₄].
[329] "*sumas*" [F₄].
[330] "all deliuerie of Arts" [F₄].
[331] "the onely handle of knowledge, it must be in iest..." [F₄].
[332] Word added by translator.
[333] "for ought I can yet learne, they are these" [F₄].
[334] "the minde" (F₄ᵥ).
[335] "fansies" [F₄ᵥ].

dados a excerçiçios militares [*35r*] los pilares de la libertad baronil,
y no arullados y adormeçidos en la sombrosa ociosidad [336] con los
passatiempos delos poetas. ultimamente y principalmente bo-
zean [337] con boca abierta, como si con flechar con el arco uuieron
sobrepuJado a Robinhood, [338] que Platon los disterro de su republica. [339] çierto mucho es esto sy ay mucha uerdad en ello. primero
al primer argumento, que el hombre mejor pudiera gastar su
tiempo, es una raçon por çierto, mas no hase (como diçen) sino,
Petere principium. por que sy es como yo afirmo, que ninguna
disciplina es tan buena, como aquella que enseña y mueue ala
uirtud, y que ninguna puede assy enseñar como mouer a ella tanto
como la poesia, entonçes la conclusion es manifiesta, que tinta y
papel no pueden ser empleadas a proposito mas prouechoso. y çierto aun que un hombre concediesse la primera assumption y parte
de su argumento, [340] sigueria (me paresce) de muy mala gana, que
lo bueno no es bueno, por que lo que es mejor es mejor. mas yo
siempre y totalmente niego [*35v*] auer salido de la tierra una
Sciençia mas fructuosa que la poesia

Cap. 19. se responde alo que
se diçe que la poesia es la
madre de mentiras

Al segundo pues argumento que son los principales mentirosos:
yo respondo paradoxicamente, mas de ueras pienso, con uerdad;
que de todos los escriptores debaxo del sol el poeta es el menos
mentiroso, y aunque quisiera, en quanto y como poeta, a penas
puede ser mentiroso. El Astronomo con su primo el Geometrico
dificilmente pueden escapar, quando se encargan a medir la altura
delas estrellas. quantas ueçes piensas que mienten los medicos,
quando afirman cosas ser buenas para la infirmedad, que despues
embia a Charonte grande numero de almas anegadas en una purga

---

[336] "and not lulled a sleepe in shadie idlenes" [F$_{4v}$].
[337] "cry out" [F$_{4v}$].
[338] "as if they had ouershot *Robinhood*" [F$_{4v}$].
[339] "Commonwealth" [F$_{4v}$].
[340] "parte de su argumento" — added by translator.

antes que llegan a su barca. [341] y no es nada menos de los de mas
que presumen afirmar. Agora quanto al poeta no afirma nada y
por esso nunca miente: por que, a my uer, el mentir es afirmar
ser aquello uerdad que es falso. de manera que los otros artistas,
y especialmente el historiador, afirmando [*36r*] muchas cosas en
la nublada Siencia del genero humano, dificilmente puede escapar
de muchas mentiras. mas el poeta como dixe antes, nunca afirma,
el poeta nunca haze algunos circulos alderedor [342] de uuestra imaginaçion, para conjurar os a creer por uerdadero lo que el escriue;
no cita las authoridades de otras historias, ny haze mas que Justo
a la entrada y prinçipio, llama a las dulces musas [343] para que le
inspiren alguna buena inuençion . en uerdad no trabaja para deçir
lo que es ó no es, syno lo que deue, o no deue ser. y por esso
aunque el cuenta cosas non uerdaderas [ras], toda uia por que no
las cuenta por uerdaderas, no miente: sy no queremos deçir, que
Nathan mentio en su parabola y platica antes alegada con Dauid, [344] l[o] qual como un hombre maligno a penas osaria deçir,
assi pienso no auer ninguno tan simple que diria que Esopo mentia
en los cuentos de sus Bestias: por que quien piensa que Esopo
los escriuia por actualmente uerdaderos, seria tambien digno de
tener a su nombre registrado en las cronicas entre aquellas bestias
de que el [*36v*] escriue. que niño ay, que ueniendo a una comedia
y uiendo. *Thebes*. escripto en letras goticas [345] sobre una puerta
uieja, cree que es Thebes? sy pues un hombre puede llegar ala
edad de un niño, para conoscer que las personas y acciones delos
poetas no son sino pinturas delo que deue ser, y no historias de
lo que ha sido, nunca dismentira nẏ dara la mentida a cosas no
afirmadamente sino alegoricamente y figuradamente escriptas. y
por esso como en las historias buscando uerdades, pueden Jrse
muy fletados y cargados de falsedades: [346] assi en la poesia no
buscando sino las fiççiones, usaran de la enarraçion solamente
como de una imaginada plataforma [347] de una prouechosa inuen-

---

[341] In Sidney's text, sentence ends with a question mark.
[342] cf. "alrededor."
[343] "but euê for his entrie, calleth the sweete Muses" (G_1).
[344] "lied in his speech before alleaged to *Dauid*" (G_1).
[345] "in great letters" (G_1).
[346] "full fraught with falshood" (G_{1v}).
[347] "as an imaginatiue groundplat" (G_{1v}).

çion. mas a esto se replica, que los poetas dan nombres alas personas de quien [348] escriuen, lo qual arguye un concepto de una
uerdad actual, y assi no siendo uerdad uiene a ser falsedad . y el
Jurista sy miente quando debaxo delos nombres de Juan de Stilo
y Juan de Noques [349] pone su caso? mas a aquello facilmente se
responde, su nombrar á hombres es para haser [37r] su retrato
mas uiuo y no para fabricar alguna historia. pintãdo hombres no
les pueden dexar sin nombres: uemos que no podemos Jugar al
axedrez sin que nos sea menester dar nombres a los trebejos; y
todauia me paresçe que seria un muy parçial mantenedor dela
uerdad quien nos dismenteria por dar a una pieçecuela de leño
el grandioso titulo de Rey. [350] el poeta nombra a Ciro y Eneas por
ninguna otra uia que [351] para mostrar lo que hombres de su fama,
fortuna, y estado de ellos, deurian de hazer.

Cap. 20. se responde a lo que
se diçe que la poesia abusa
alos ingenios de los hombres,
criandolos a loçanos pecados y amores lasciuos

Su tercero argumento es, quanto abusa a los ingenios de los hombres criando los para loçanos pecados [352] y amores lasciuos. por
que en uerdad este es el prinçipal, si no es el unico abuso, que
puedo oyr alegado. ellos diçen que las comedias antes enseñan
que no reprehenden alos conceptos [37v] amorosos, ellos diçen
que el Lyrico esta lardeado [353] con sonetos apassionados, el Elegiaco llora la ausençia de su Dama, y que al mismo heroico, Cu-
pido ambiciosamente ha subido. Ay amor, desseara que pudiesses
tanto bien defender a ty mismo, como puedes ofender a otros:
oxala aquellos a quien sirues pudiessen o dispedirte o dar buena

---

[348] The use of the singular *quien* for *quienes* was frequent during this
period.
[349] *"Iohn* of the *Stile,* and *Iohn* of the *Nokes"* (G₁ᵥ) - fictitious names
often used by the two parties in a legal suit.
[350] "the reuerende title of a Bishop" (G₁ᵥ) - cf. *piecezuela.*
[351] "no other way, then..." (G₁ᵥ).
[352] "...mens wit, training it to wanton sinfulnesse" (G₁ᵥ).
[353] "larded" (G₁ᵥ).

raçon por que te tienen. mas demos, [354] que el amor dela hermosura
sea una bestial falta, si bien esto es muy duro y deficil, pues solo
el hombre y no bestia ninguna tiene aquel don de diçernir y conoscer ala hermosura; [355] demos que aquel amable nombre del
amor meresce todas las reprehensiones odiosas, sy bien los mismos
mis Señores filosofos han gastado buena parte del oleo de sus lam-
paras en mostrar la excelençia de ello; demos (digo) lo que ellos
quieren que sea dado que no solo el amor mas la lasciuia y loçania, [356] la uanidad, y si quieren la uellaqueria, posseen muchos
hojos [357] en los libros delos poetas, con todo esso pienso yo quando
esto se conçede, hallaran que su sentencia pueda cõ buen come-
dimiento poner las postreras palabras [primero] [38r] y no deçir
que la poesia abusa al ingenio [358] del hombre, sino que el ingenio
del hombre abusa la poesia. por que no niegare yo, que el ingenio
del hombre puede hazer una poesia que deuria ser *ricastice,* [359] lo
qual algunos letrados han difinido ser figurar cosas pfetas [360] y
buenas, para ser. *Phantastice,* [361] que es al contrario, inficionar ala
fantasia con indignos y malos objetos. [362] como el pintor que deuiera presentar alos ojos alguna excelente perspectiua, ó alguna
linda pintura acomodada para fabricar o fortificar, o conteniendo
en sy algun notable exemplo, como Abraham sacrificando a su
hijo Isaac, Iudith matando á Holofernes; Dauid combatiendo con
Golias; puede dexar a todo esto, y agradar a unos ojos de mal
gusto con muestras loçanas de unas cosas que mejor estarian es-
condidas. [363] mas que? el abuso de una cosa sy ha de hazer odioso
el uerdadero uso de ello? no cierto; aunque concedo que la poesia
no solo puede ser abusada, mas que siendo abusada, a causa de
su dulce [38v] incantadora fuerça puede hazer mas daño que algun
otro excercito de palabras, todauia aun sera tan lexos de concluyr

---

[354] "But grant" (G₂). Also, below.
[355] "to discerne bewtie" (G₂).
[356] "but lust, but vanitie" (G₂).
[357] "leaues" (G₂) — *hojos,* "hojas."
[358] "wit" (G₂). Also, below.
[359] " εικαστική " (G₂) — making likeness, representing truly.
[360] abr. — *perfetas.*
[361] Sidney uses Greek letters.
[362] "with vnwoorthie obiects" (G₂).
[363] "may leaue those, and please an ill pleased eye with wanton shewes
of better hiddē matters" (G₂).

que el abuso auia de dar reprehension al abusado, que al contrario
es buena raçon que qualquiera cosa siendo abusada haze mas daño,
siendo a derechas y rectamente usada (y [que] del derecho y recto
uso. cada cosa reçibe su titulo) haze mas bien: no uemos la Sciençia dela medicina, [364] el mayor reparo de nuestros cuerpos muchas
ueçes assaltados, siendo abusada enseña la ponçoña el mas uio-
lēte distruidor? la Sciençia de las leyes cuyo fin es rectificar y
aJustar todas las cosas, siendo abusada, no uiene a ser el auiesso
abrigo [365] de horribles injurias? siendo abusada (para Jr a lo mas
alto) la palabra de Dios, no engendra la heregia, y su diuino [366]
nombre abusado no uiene a ser blasfemia? cierto una aguja no
puede hazer mucho daño, y tan cierto es (con liçençia delas damas
se diga) que no puede hazer mucho bien. con una espada puedas
matar [367] a tu padre y con una espada puedas defender á tu Rey
y patria: de modo [39r] que como en su llamar a los poetas padres
de mentiras no dixeron nada, assy en su argumento del abuso
prueuan su alabança.

Cap. 21. se responde alo que
se diçe que antes que los poetas començaron a ser estimados los hombres no eran tan
floxos y tenian todo su deleyte
en hazer cosas dignas de escriuirse y no en escriuir cosas
dignas de hazerse

Alegan tambien que antes que los poetas começaron a preçiar-
se, [368] nuestra naçion tenian puesto el deleyte de sus coraçones
sobre la accion y no sobre la imaginaçion, mas presto hasiendo
cosas dignas de escriuirse que escriuiendo cosas dignas de haserse.
qual fue aquel tiempo antes, pienso que apenas *Sphinx* lo sabra
deçir, pues no ay memoria tan antigua, de que, la poesia no tiene

---

[364] "skill of Phisicke" (G$_{2v}$).
[365] "the crooked fosterer" (G$_{2v}$).
[366] *diuino* — added by translator. "Heregía" is found in Covarrubias.
[367] "thou maist kill" (G$_{2v}$).
[368] "to be in price" (G$_{2v}$).

p[rec]edençia. y çierto es que en nuestra mas lla[na] Simplici-
dad, [369] aun nunca fue la naçion de Albion sin [*39v*] la poesia. Pero
este argumento sy bien esta assestado contra la poesia, todauia
deueras es un tiro de balas encadenadas contra toda doctrina, y
el mucho darse el hombre a leer o estudiar en sus libros. [370] de
tal animo [371] fueron algunos Godos de quienes se escriue, que auiendose hallado en el Sacco de una famosa Çiudad una hermosa libre-
ria, un uerdugo, paresce que fue (hombre adaptado para executar
todo mal pensamiento, cuya ualentia excercitaua en muchos cuerpos muertos) [372] quiso pegar fuego en ella. no, dixo un otro muy
mesurado, mire lo que hazes, por que mientras ellos estan ocupa-
dos en estas niñerias, nosotros tendremos mas lugar para con-
quistar su patria. esto uerdaderamente es la doctrina [373] de la
ignorançia, y he oydo muchas ueçes gastarse muchas palabras en
ello: mas por que esta raçon es generalmente contra toda doctrina tambien como contra la poesia, o antes contra toda doctrina
s[y] [no] es la poesia, [374] pues seria una digression muy larga de
tratar de ello, o alo menos muy superflua, siendo manifiesto que
todo el gouierno dela [*40r*] action se ha de hallar por la Sciençia,
y la sciencia bienissime, [375] por colegir muchas scienças que es
leyendo; yo solamente con Horacio, al que es de tal opinion,
Iubeo [376] *stultum esse libenter.* por que quanto ala poesia misma,
es la mas libre de esta obiection de todas, pues que la poesia es la
compañera delos campos. [377] yo me oso de encargar que Orlando
furioso, ny el honesto Rey Arthuro, nunca disgustara al soldado:
mas la quididad [378] de *Ens* y *materia prima,* dificilmente se con-
cordara con el *cosselete.* [379] y por esso como dixe al principio, los

---

[369] "homelines" (G$_{2v}$).
[370] *tiro... libros.* Cf. "a chain-shot against all learning or bookishnes, as
they commonly terme it" (G$_3$) - *chain-shot,* two cannon balls tied to a
chain.
[371] "Of such mind" (G$_3$).
[372] "one hangman belike fit to execute the frutes of their wits, who had
murthered a great number of bodies" (G$_3$).
[373] "the ordinarie doctrine" (G$_2$).
[374] "or rather all learning but *Poetrie*" (G$_3$).
[375] "best" (G$_3$).
[376] "*Iubio*" (G$_3$).
[377] i.e., battlefields.
[378] "quidditie" (G$_3$).
[379] "Corcelet" (G$_3$) - "coselete" cf. French "corselet," piece of armor.

mismos Turcos y tartaros se deleytan con la poesia. Homero el
Griego florescia antes que florescia la Greçia; y si a una no
fundada conjectura otra conjectura se puede oponer, en uerdad
puede parescer, que como por el, sus hombres doctos tomaron casi
Su primera luz dela Sciençia, assi por el, sus hombres actiuos han
recebido sus primeros mouimientos de ualor. Solo el exemplo de
Alexandro bastara, el qual de Plutarcho es tenido de tal uirtud,
que la fortuna no fue su guya si no su peana, [380] [*40v*] cuyos hechos
hablan por el aun que no lo dixera Plutarcho de ueras, el *Phœnix* [381] de los prinçipes belicosos. este Alexandro dexo a su ayo
Aristoteles uiuo de tras de sy, mas lleuò a Homero-muerto consigo. hizo morir al filosofo Calistenes por su aparente filosofica que
ala uerdad era amotinadora pertinacia, [382] peró la cosa prinçipal
que siempre se le oyo dessear, fue, que estuuiesse uiuo Homero. el
bien hallo que recebia mas bisarria de animo por el dechado [383] de
Achiles, que por oyr la difiniçion de la fortaleça. [384] y por esso
sy a Caton disgusto Fuluio por auer lleuado a Ennio con sigo en
campaña, [385] se puede responder, que si esto disgusto a Caton, el
noble Fuluio gusto de ello, de otra manera no lo uuiera hecho.
por que no fue el Excelente Caton Uticensis cuya authoridad yo
uuiera mucho mas reuerençiado; peró fue el primero, cierto un
amargo castigador de faltas, mas fuera de esso un hombre que
nunca auia sacrificado alas graçias poeticas. [386] el aborreçia y
bozeaua contra toda la doctrina de Grecia, y con todo esso siendo
de la edad de sessenta años [387] començo apren- [*41r*] der la, como
sy temiera que Pluton no entendia latin, uerdaderamente las leyes
delos Romanos no aprouaron ny aceptaron a persona ninguna de
ser lleuada ala Guerra sino a quel que era escripto en el Cathalogo
delos soldados. y por esso sy a Caton disagradaua su persona de
el por no hauer passado muestra, [388] le agradaron sus obras y

---

[380] "but his footestoole" (G_{3v}).

[381] "though *Plutarche* did not: indeede the *Phœnix...*" (G_{3v}).

[382] "for his seeming Philosophicall, indeed mutinous stubbornnesse"
(G_{3v}).

[383] "more brauerie of minde by the paterne..." (G_{3v}).

[384] "fortitude" (G_{3v}).

[385] "to the field" (G_{3v}) - to the battlefield.

[386] "to the *Graces*" (G_{3v}).

[387] "foure score yeares olde" (G_{3v}) - 80 years old.

[388] "his vnmustred person" (G_{3v}) - not enrolled in the Soldiers List.

quando no, Scipion Nasica [389] (Jusgado por comun consentimiento,
el optimo Romano) le queria bien: entrambos los otros dos
Scipiones hermanos, a quienes por su uirtud se les dieron por
sobrenombres no menos que de Asia y de Africa, tanto bien le [390]
querian, que hizieron enterrar a su cuerpo en su propia sepultura. de manera que la authoridad de Caton no siendo si no
contra su persona, y a ello auiendose respuesto con otra authoridad
mucho mayor que de el, en esto no es nada ualida.

Cap: 22. se responde a lo que se
diçe que Platon desterrò alos poetas
de su republica, y se conclue que no
solo Platon sino muchos otros muy
famosos en letras y armas les han estimado muchissimo [*41v*]

Mas agora en uerdad el peso es grande, pues me cargan con el
nombre de Platon, a quien, es menester que lo confiesse, he estimado Siempre de todos los filosofos ser el mas digno de reuerençia, y cõ buena raçon, pues de todos los filosofos es el mas poetico.
con todo esso, sy el quiere contaminar la fuente de donde sus
fecundos arroyos proceden, es bien que examinemos con que
raçones lo ha hecho. lo primero uerdaderamente un hombre pu-
diere maliçiosamente oponer, que Platon siendo filosofo fue enemigo natural de los Poetas. por que ala uerdad despues que los
filosofos uuieron cogido de los dulces misterios dela poesia,
los uerdaderos y elegantissimos punctos para deçernir y conoscer
aderechas la Sciençia, [391] ellos luego poniendo lo en methodo, y
hasiendo una arte de escuela de lo que los poetas solamente
enseñaron por un deleyte diuino, començando de tirar coçes a sus
guyas, [392] como ingratos aprendizes, no se contentaron de poner
tienda para sy mismos, [393] mas buscaron por todas maneras de

---

[389] "And if hee had, *Scipio Nasica...*" (G$_{3_v}$).
[390] The *le* still refers to the poet Ennius.
[391] "the right discerning true points of knowledge" [G$_4$].
[392] "beginning to spurne at their guides" [G$_4$].
[393] "were not content to set vp shop for themselues" [G$_4$].

disacreditar a sus amos y maestros que fueron los poetas: [394]
mas [42r] esto por la fuerça del deleyte siendoles uedado, quanto
menos les pudieron uencer y disbaratar tanto mas dieron en abo-
rreçerlos. Por que de ueras hallaron que por Homero, siete Ciudades contrastaron qual le hauian de tener por ciudadano; adonde
muchas Ciudades desterraron a los filosofos, como à miembros
no idoneos de uiuir entre ellos. por el solo repitir ciertos uersos de
Euripides, los Siracusanos saluaron la uida a muchos Athenienses,
donde los mismos Athenienses pensaron a muchos filosofos ser
indignos de uiuir. Algunos poetas, como Simonedes y Pindaro,
tanto han preualescido con Hiero el primero, que de un Tyrano
le hisieron un Rey Justo: adonde Platon pudo tan poco con
Dionisio que el mismo de filosofo fue hecho esclauo. mas quien
lo hisiera, confiesso que recompensaria las objecciones hechas contra los poetas, con semeJantes calumnias [395] contra los filosofos:
como tambien haria, quiẽ dixera que se leyesse a Phedro o Sym-
posio en Platon, o el discurso de los amores de Plutarcho, [396] y
uea se, sy algun poeta Authoriza al abomina- [42v] ble fealdad [397]
como lo hazen ellos. otra uez, un hombre pudiera preguntar, de
que republica los desterrá [398] Platón, por cierto, de aquella adonde
el mismo aprueua la comundad de mugeres. de modo que paresçe
que este distierro no nascio por la efeminada loçania, [399] pues poco
pudrian dañar los sonetos Poeticos, quando un hombre pudiera
auer la muger que quisiera. mas yo reuerençio alas instructiones
filosoficas, y bendigo a los ingenios [400] que los criò; con tal que
no sean abusadas, lo qual tambien se estiende ala Poesia. San
Pablo mismo pone un nombre de guardia [401] sobre la filosofia, esto
es sobre el abuso. assi haze Platon sobre el abuso y no sobre la
poesia. Platon culpaua que los poetas de su tiempo, allenarõ [402]

---

[394] "...to discredit their maisters" [G₄].

[395] "But who should do thus [argue unfairly], I confesse should requite the obiections made against *Poets,* with like cauillations..." [G₄ᵥ].

[396] "as likewise one should do, that should bid one read *Phædrus* or *Simposium* in *Plato,* or the discourse of loue in *Plutarch*" [G₄ᵥ].

[397] i.e., homosexuality.

[398] "Common-wealth" [G₄ᵥ] — *desterrá;* cf. "desterró."

[399] "effeminate wantonnesse" [G₄ᵥ].

[400] "wits" [G₄ᵥ].

[401] "a watch-word" [G₄ᵥ].

[402] "filled the worlde with..." [G₄].

las erroneas opiniones delos dioses, hasiendo cuentos liuianos de aquella imaculada essençia; y por esso no queria que la Juuentud fuesse deprauada con tales opiniones: aqui se puede dezir mucho; esto baste. los poetas no han induzido tales opiniones, si no imitaron a tales opiniones ya induzidas. por que todas las historias Griegas bien pueden atestiguar, que la religion misma de aquel tiempo [43r] estaua sobre muchos y muchas faiçiones de Dioses: 403 no enseñados por los poetas mas seguidos conforme a su natural imitaçion. quien quisiera puede leer en Plutarcho los discursos de *Isis* y *Osiris,* de las causas por que cessaron los oraculos, de la prouidençia diuina, y uer como la Theologia de aquella nacion estaua fundada sobre tales Sueños, lo qual los poetas çierto superstiçiosamente obseruaron. y realmente pues no tenian la lumbre de Christo, hisieron en ello mucho meJor que los filosofos, los quales dishechando de sy la superstiçion, induzieron el Atheismo y negamiento de Dios. 404 Platon pues (a cuya authoridad mucho mas quisiera Justamente explicar, que inJustamente resistirla) no entendio en general de los poetas, 405 en aquellas palabras delas qles 406 Julio Scaligero diçe, *Qua authoritate barbari quidam atq' insipidi 407 abuti uelint ad poetas e republica exigendos.* mas solamente su intento fue para hechar fuera aquellas opiniones erroneas dela deidad: de la qual Agora sin mas ley la Christianidad ha [43v] quitado toda la creença dañosa, quiça como el pensaua, alimentada por aquellos estimados poetas. 408 y un hombre no ha menester Jr mas lexos que al mismo Platon para saber su sentido: el qual en su dialogo llamado *Ion,* da alta y Justamente diuina alabança ala poesia. de modo que Platon disterrando el abuso, no la cosa misma, y no la disterrando si no dando la su deuida honra, ha de ser nuestro padron 409 y no nuestro aduersario. por que cierto mucho mas quisiera, pues con uerdad lo puedo hazer, mostrar que Platon aya sido de ellos mal entendido, debaxo de cuyo piel de leon querian hazer un rebusnar de asnos contra

---

403 "stood vpon many, and many fashioned Gods" [G$_{4v}$] — *Faiçiones.* See p. 41n.
404 *negamiento de Dios* — added by translator.
405 "ment not in generall of *Poets*" (H$_1$).
406 abr. — *quales.*
407 "*hispidi*" (H$_1$).
408 "nourished by then esteemed *Poets*" (H$_1$) — by *the* then...
409 "Patron" (H$_1$).

la Poesia, que querer disbaratar y uençer a su authoridad; a quien
quanto mas sabio es un hombre, tanto mas hallara Justas causas
para tenerle en admiraçion: prinçipalmēte pues atribuye a la
poesia mas que yo mismo; nombradamente, [410] de ser Justo un
inspirar de una fuerça diuina, passando mucho al entendimiento [411]
humano, como enel ya dicho dialogo es euidente. de la otra parte
quien quisiera mostrar las [44r] grandes honras que los mejores
Juisios les ayan dado a los poetas, un mar entero de exemplos
se le presentaria adelante; Alexandros, Cęsares, Scipiones, todos
fauorescidores delos poetas: Lelius llamado el Romano Socrates,
el mismo poeta; de modo que parte de *Heauton Timeroumenon* [412]
en Terencio, se imagino de ser hecho de el. y el mismo Griego
Socrates, a quien Apollo confirmò de ser el unico sabio, se diçe
de hauer gastado parte de su edad uieja en poniendo en uerso
las fabulas de Esopo. y por esso muy mal paresceria en su discipulo
Platon, de poner tales palabras en la boca de su maestro contra
los poetas. Pero que es menester mas? Aristoteles escriue el arte
dela poesia, y porque, sy no se deuiera escriuir? Plutarcho enseña
el uso y fructo que se ha de coger de ellos, y como, sy no se deuiera
leerlos? y quien lee las historias y la filosofia de Plutarcho, [413]
hallara que adorna los uestidos de entrambos con la guarnicion [414]
de la poesia. mas no quiero defender la poesia, con el ayuda de su
inferior [415] la *historiographia*. baste hauer [44v] mostrado que es
un solar *Idoneo,* sobre que apoya y mora la alabança: [416] y qualquier disloor q' se le impone, o es façilmente disbaratado, o trans-
formado en Justo loor, de manera, pues las exçelençias de ella tan
façilmente y Justamente pueden ser confirmadas, y lo uil de sus
objecciones tan presto atropellados, no siendo una arte de mentiras, si no de uerdadera doctrina; no de hazer effeminado, sino
de despertar notablemente y eleuar el ualor; no de abusar, sino
de coroborar y esforçar el entendimento [417] humano; no deste-

---

[410] "namely" (H$_1$).
[411] "wit" (H$_{1v}$).
[412] "*Heautontimoroumenon*" (H$_{1v}$).
[413] "And who reades *Plutarches* either Historie or *Philosophie*" (H$_{1v}$).
[414] "gardes" (H$_{1v}$).
[415] "vnderling" (H$_{1v}$).
[416] "it is a fit soyle for praise to dwell vppon" (H$_{1v}$).
[417] "wit" (H$_{1v}$).

rrado, sino reuerençiado de Platon: antes plantemos mas laureles
para poner guyrnaldas en las cabeças de los poetas (qual honra
de ser laureados, como fuera de ellos solo lo han sido Capitanes
triumfadores, es bastante authoridad para mostrar el preçio en que
se auian de tener) que permitir al feo y corrupto aliento de tales
Jnjuriadores *bahear* [418] una uez sobre las claras fuentes dela poesia

Cap. 23. que la falta de merito
en los poetas es la causa por que
Inglaterra les es tan dura
madrastra [*45r*]

Mas pues he currido tan larga carrera en esta materia, me paresce
antes de parar del todo a mý pluma, no será sino un poco mas
tiempo perdido, de inquerer [419] por que Jnglaterra la madre de
Excçlentes ingenios, ha uenido a ser tan dura madrastra para los
poetas, los quales cierto en *entendimiento* [420] deurian de passar a
todos los otros, pues todo procede solo de su entendimiento, siendo realmente hazederos de lo suyo y no tomadores delo ageno.
como puedo yo dexar de exclamar, *Musa mihi causas memora* [421]
quo numine læso? la dulçe poesia que antiguamente ha tenido
Reyes, Emperadores, Senadores, grandes Capitanes, tales fuera de
mil otros como Dauid, Adriano, Sophocles, Germanico, no solo
para fauorescer a los poetas, sino de ser poetas: y de nuestros
tiempos mas modernos, puede presentar por sus padrones [422] un
Roberto Rey de Siçilia, el grand Rey françisco de França, el Rey
Jacobo de Escocia: tales Cardenales como Bembo y Bibienna; [423]
tan doctos filosofos como Fracastorio [*45v*] y Scaligero; tan grandes Oratores como Pontano y Moreto; tan penetratiuos ingenios [424]

---

[418] "to blow vppon" (H₂). *Bahear* — "vahear, echar vaho." For an
example of the use of this verb, cf. Vicente Espinel, *Vida de Marcos de
Obregón*, beg. of Book III.
[419] "to enquire" (H₂) — *inquerer*, "inquirir."
[420] "wit" (H₂). Also, below.
[421] "*memoria*" (H₂).
[422] "Patrons" (H₂).
[423] "*Bibiena*" (H₂). Omitted by translator: "suche famous Preachers and
Teachers, as *Beza* and *Melanchthon*" (H₂). Cf. Intr.
[424] "wits" (H₂).

como George Buchannano;[425] tan graues consejeros como fuera
de muchos, mas antes de todos, aquel Hospital de Francia,[426] de
quien pienso que aquel reyno nunca produçio un Juisio mas com-
plido, mas fuerte y constantemente fabricado sobre la uirtud:[427]
Digo estos[428] con grand numero de otros no solo para leer las
poesias agenas, mas para poetizar para la leyenda de otros;[429]
que la poesia en esta manera abraçada y estimada en todas las
otras partes, hallasse solamente en nuestros tiempos en Jnglaterra
tan mal acogimiento. pienso que la misma terra lo lamenta y por
esso adorna a nuestro suelo con menos laureles de lo que solia.
por que antes de agora los poetas florescieron tambien en Jnglaterra: y lo que es de notar. en aquellos mismos tiempos quando
la trompeta de Marte sonaua mas alto. y que agora una demasiado
floxa quietud paresca assi arar de sal la casa[430] delos poetas, que
esten en menos reputacion que los montebancos[431] de Uenecia.
Uerdaderame[nte] [46r] esto mismo, como de una parte da grand
loor ala poesia, la qual como uemos[432] (mas a mejor proposito)
antes queria tener el fastidio de ser enredada en una red con
Marte, que de gozar de una quietud Simple y floxa[433] con Uulcano.
assi sirue por alguna parte de raçon[434] en dar la causa por que
son menos gratos a la ociosa Jnglaterra, que agora a penas puede
suffrir el trabaJo de una pluma de escriuir.[435] de aquy necessaria-
mente sigue, que hombres baJos de entendimiento seruil la em-
prenden,[436] a los quales les basta sy pueden ser premiados del
estampador. y como se diçe de Epaminondas, que con la honra

---

[425] Buchanan.

[426] Michel de l'Hôpital (1505-1573), French humanist.

[427] "more firmly builded vpõ vertue" (H_{2v}).

[428] "I say these..." (H_{2v}).

[429] "but to *poetise* for others reading" (H_{2v}).

[430] "an ouer faint quietnesse should seeme to strowe the house" (H_{2v}) —
arar de sal, sembrar de sal, "Esparcir *sal* en el solar o solares de edificios
arrasados por castigo" *(Dicc. Ac.).*

[431] "Mountebanckes" (H_{2v}) — "saltimbanquis."

[432] The sentence makes little sense because the translator has sub-
stituted *Venus* with *uemos:* "which like Venus" (H_{2v}).

[433] "the homely quiet" (H_{2v}).

[434] "So serueth it for a peece of a reasõ" (H_{2v}).

[435] "the paine of a penne" (H_{2v}) — Pun lost in translation.

[436] "that base men with seruill wits vndertake it" (H_{2v}).

de su uirtud, hiso a un officio, [437] que antes fue en menos preçio, por excercitar lo el, uenir a ser altamente respetado: assi estos hombres no mas que poniendo sus nombres a ella, con su propria disgraçia, disacreditan y affrentan [438] a la mas graçiosa poesia. por que agora como si todas las musas fuessen preñadas, [439] para parir bastardos poetas: [440] sin alguna Cõmission curren la posta sobre [441] las [mon-] [46v] montañetas [442] de Helicone, hasta que hasen á los lectores mas cansados que cauallos de posta: mientras en el interim, aquellos *Queis melior* [443] *luto finxit precordia Titan,* mas se contentan de abatir y encubrir lo fecundo que mana fuera de sus entendimientos, [444] que con publicarlo, de ser tenidos por Caualleros dela misma orden y habito. mas yo que antes de atreuerme Jamas de aspirar ala dignidad soy admitido en la compañia delos borradores de papel, [445] hallo que la uerdadera causa de faltarnos la estimaçion, es por faltarnos el merescimiẽto, presumiendo de ser poetas en dispecho de Pallas.

Cap. 24. de la arte imitaçion
y exercicio y que el no usar
de ellos aderechas es la causa
de faltarse meritos a los poetas
de Inglaterra

Mas agora aquello en que nos falta el merito, seria trabaJo digno de agradescerse el declararlo. [446] sy yo lo supiera me uuiera [47r] emendado a my mismo, mas como nunca he desseado el titulo

---

[437] "made an Office" (H$_{2v}$) — that of "official of stagnant pools" according to Plutarch (*Moralia, Precepts of Statecraft,* 811, Loeb, vol. X).
[438] "disgrace" (H$_{2v}$).
[439] "were got with childe" (H$_{2v}$).
[440] To make sense out of the sentence, the colon should not be taken into account.
[441] "they do passe ouer" (H$_{2v}$) — *correr la posta* — "Caminar con celeridad en caballos a propósito para este ministerio" *(Dicc. Ac.).*
[442] "Bankes" (H$_{2v}$).
[443] "*meliore*" (H$_3$).
[444] "are better content to suppresse the out-flowings of their wit" (H$_3$).
[445] "*Paper-blurrers*" (H$_3$).
[446] "Now wherein we want desert, were a thankwoorthie labour to expresse" (H$_3$).

assy me discuyde del modo de alcançarlo, solo uencido de algunos
pensamientos, les entregue un tributo de tynta. mas los que se
deleytan en la poesia misma deurian querer saber lo que hazen
y como lo hazen, especialmente mirar a sy misms en un espeJo
de raçon que no adula, sy son inclinables a ello o no. [447] Por que
la poesia no se ha de tirar por las orejas, es menester guyar la
con blandura, o antes ella deue ser la guya, lo qual parte fue
la causa [448] que hiso a los doctos antiguos afirmar que fue un don
de Dios, y no alguna sciençia humana, [449] pues todas las demas
Sciencias estan apareJadas para todos los que tienen uigor y fuerça
de entendimiento; [450] mas que uno sea poeta por ninguna industria
se puede hazer, sy por su proprio *Genio* y *naturaleça* no sea lleuado
a ello. [451] y por esso ay un refran antiguo *Orator fit, poeta nascitur.*
toda uia yo confiesso siempre [*47v*] que como el mas fertil tereno
ha menester ser labrado y cultiuado, [452] assi es menester que el
ingenio [453] que uola mas alto, tenga un Dedalo para guyarlo. aquel
Dedalo se diçe assi en esto como en otras cosas, de tener tres
alas para lleuarle en alto. en el ayre de la deuida alabança; que
son Arte, Jmitaçion, y Exçerçiçio. mas nos otros ny con estas
reglas artificiales, ny padrones [454] de imitarse, no nos damos mucho
fastidio. [455] el Exçerçiçio uerdaderamente hazemos, mas ello muy
al reues; [456] por que donde deuriamos excercitarnos para saber, nos
excercitamos como si uuieremos ya sabido; y assy nuestro çelebro
ha parido mucha materia que nunca fue engendrada por Sciençia.
por que auiendo dos partes principales, la materia para ser declarada por palabras, y las palabras para declarar la materia: en ninguna delas dos usamos del arte ny dela imitacion a derechas.
nuestra materia uerdaderamente es, *Quodlibet,* aun que mal

---

[447] "in an vnflattering glasse of reason, if they be enclinable vnto it"
(H₃) — *inclinables,* "inclinados."
[448] "was partly the cause" (H₃).
[449] "no humane skil" (H₃).
[450] "wit" (H₃).
[451] "A *Poet* no industrie can make, if his owne *Genius* be not carried
into it" (H₃).
[452] "as the fertilest ground must be manured" (H₃ᵥ).
[453] "wit" (H₃ᵥ).
[454] "paternes" (H₃ᵥ).
[455] "...we much comber our selues withall" (H₃-H₃ᵥ).
[456] "verie fore-backwardly" (H₃ᵥ).

compliendo con el uerso de Ouidio. [*48r*] *QuicQuid conabor dicere uersus erit.* Jamas poniendo la en orden en alguna assigurada hilera, [457] que apenas los lectores saben adonde hallarse. Chaucero sin duda hiso Excelentemente en su *Troylo y Cresseyda:* de quien cierto no se qual se ha de marauillar mas; ó que el, en aquel anublado tiempo pudo uer tan claro, o que nos otros en esta edad clara, uamos tanto tropeçando tras de el. toda uia el tenia muchas faltas, que eran de perdonarsele en tan uenerable antiguedad. yo estimo el espejo de los magistrados, [458] ser assi raçonablemente proueido de hermosas partes. y en los lyricos del Conde de Surrey ay muchas cosas que saben a un noble linage, y son dignas de un animo noble. El calendario de los pastores [459] tiene mucha poesia en sus Eglogas, realmente (sy yo no me engaño) digna de leerse. aquel formar su estilo [460] a un antiguo rustico lenguaJe, no me atreuo de aprouarlo: pues ny Teocrito en griego, ni Virgilio en latin, ny Sannazaro [461] en Jtaliano, no lo usaron. fuera de estos no me [*48v*] acuerdo de auer uisto sino pocas poemas (para hablar osadamente) estampadas, que tienen en sỳ neruios poeticos. [462] por prueua de esto, pongan se en prosa los mas de los uersos, y despues pidase el sentido, y se hallara que un uerso no hiso si no engendrar al otro, sin ordenar al principio lo que auia de ser al ultimo; lo qual uiene a ser una massa confusa de palabras, con un retintin de metro a secas acompañado con raçon. [463] nuestras tragedias y Comedias no sin causa se ha esclamado contra ellas, no obseruando reglas ny dela honesta ciuilidad, ny dela docta poesia. saluo a *Gorboduque* [464] (otra uez digo de las que yo he uisto) la qual no obstante, como esta llena de palabras altiuas, y frases que bien suenan, subiendo al altiuez del estilo de Seneca, assi esta llena de notables moralidades, las quales enseñan con muchissimo deleyte, y de esta manera alcança el uerdadero fin de la poesia. todauia cierto, es muy defetuosa en las circumstançias, [465]

---

[457] "neuer marshalling it into anie assured ranck" (H$_{3v}$).
[458] *Mirror for Magistrates* (1559).
[459] Spenser's *Shepherds' Calendar* (1579).
[460] "That same framing of his style" (H$_{3v}$).
[461] "*Sanazara*" (H$_{3v}$).
[462] "poeticall sinnewes" (H$_{3v}$).
[463] "...ryme, barely accompanied with reasons" [H$_4$].
[464] *Gorboduc.*
[465] "circumstaunces" [H$_4$].

lo que me pesa, para que pudiera quedar por un perfecto dechado de Tragedias. por que tiene [*49r*] errores assi del tiempo como del lugar, los dos compañeros forçosos de todas las aççiones corporales. Por que adonde el tablado siempre, no deuiera representar si no solo un lugar, y el mayor tiempo presupuesto en ello no deuiera ser, segun el precepto de Aristoteles y la raçon comun, si no solo un dia: ay en ella muchos dias y muchos lugares inartifiçiosamente imaginados. Peró sẏ es assi en *Gorboduque,* quanto mas lo sera en todas las demas, donde hallareẏs a Asia de una parte, y a Africa de la otra, y assi muchos otros reynos debajo de ellas, que el farsante y actor [466] quando entra, es menester que siempre comiençe con deçir el donde esta, de otra manera no se entendera el cuento. luego aura tres damas Jendo a passearse para coger flores, y entonçes es menester creer el tablado de ser Jardin. despues oymos de Naufragio en el mismo lugar, entonces hazemos mal syno lo tengamos por un escollo. sobre esso [467] sale un espantoso monstro con fuego y fumo, y entonçes los miseros miradores [468] son tenidos [*49v*] a tener lo por una cueua: Quando mientras dos excercitos entran uolando, que se representan con quatro espadas y quatro rodelas, y entonçes, que coraçon duro no lo tendra por un campo aplazado. [469] Del tiempo pues, son mucho mas liberales. por que es ordinario, dos principes moços se enamoran Juntos, despues de muchos atrauiessos [470] ella sale preñada, ha parido un hermoso niño: este se pierde; uiene a ser hombre; se enamora, y esta apareJado para engendrar un otro niño; y todo esto enel espaçio de dos horas: lo qual quan desuariado sentido es, los mismos sentidos lo pueden imaginar; [471] y el arte lo ha enseñado, y todos los exemplos antiguos lo han Justificado, y oy dia los farsantes ordinarios de Italia no harian yerro en ello. peró algunos traeran un exemplo del Eunucho en Terençio, que contiene materia de dos dias (bien que falta mucho de ueynte años.) uerdad es, y assi se hauia de representar en dos dias, y de esta manera accomodada al tiempo se representò. y aun que Plauto

---

[466] "and so manie other vnder Kingdomes, that the Player" [H$_4$].
[467] "Vpon the back of that" [H$_{4_v}$].
[468] "beholders" [H$_{4_v}$].
[469] "pitched field" [H$_{4_v}$].
[470] "trauerses" [H$_{4_v}$] — *atrauiessos,* cf. "travieso, travesía".
[471] "which howe absurd it is in sence, euen sence may imagine" [H$_{4_v}$].

en un lugar ha errado, accertemos con el y no erremos con el.
mas diran, como pues [*50r*] hemos de representar una historia que
contiene assi muchos lugares como muchos tiempos? y no saben
que una Tragedia esta atada a las leyes de la poesia y no de la
historia; ny esta tenida de seguir la historia, [472] si no tiene libertad
o de fingir una materia de todo nueua, o de fabricar la historia a
la mas tragica conueniençia. de mas de esto [473] muchas cosas se
pueden contar que no se pueden mostrar: sy saben la differencia
que ay entre el referir y el representar. como por exemplo, yo
puedo hablar aunque estoy aqui del Peru, y hablando haser digression de esto ala discripçion del Catecut: [474] mas en aççion
no lo puedo representar sin el Cauallo de Pacoleto. [475] y este fue
el modo que tomaron los antiguos, por algun nunçio de recontar
cosas hechas en tiempo primero [476] o en otro lugar. Vltimamente
si quieren representar una historia, no es menester (como diçe
Horacio) que comiençen, *Ab ouo,* sino es menester que uengan
al punto principal de aquella sola aççion que quieren representar.
por uno exemplo esto se decla- [*50v*] ra mejor. Tengo una historia
del niño Polidoro, entregado para mas seguridad con mucha ri-
quesa de su padre Priamo a Polymnester [477] Rey de Thracia, en
tiempo dela guerra de Troya. el despues de algunos años, oyendo
ser uencido Priamo, para haser suyo el Thesoro, mata al niño;
el cuerpo del niño se halla; Hecuba, aquel proprio dia, halla una
maña para uengarse muy cruelmente del tyrano. Adonde agora
començaria uno de nuestros Tragediadores, sino con el entregar
del niño? entonçes auria de nauegar a Tracia, y assi gastar no
se que tantos años, y caminar por grand numero de lugares. mas
donde começo Euripides? con el mismo hallar del cuerpo, lo
demas dexando lo a contar se por el espirtu y alma [478] de Polidoro.
esto no ha menester alargarse mas, el mas torpe ingenio [479] lo
entendera.

---

[472] "the storie" [H$_{4_v}$].
[473] "Againe" [H$_{4_v}$].
[474] "Calecut" (I$_1$) — *Calcutta.*
[475] The magic horse of a French romance who could take a person
anywhere.
[476] "in former time" (I$_1$).
[477] "*Polminester*" (I$_1$).
[478] *alma,* added by translator.
[479] "witte" (I$_1$).

Cap. 25. de muchos otros yerros
que se cometen en sus comedias
y tragedias en Inglaterra y tambiē
en sus liricos de cançiones y sonetos [*51r*]

Pero allende de estos grandes disuarios, [480] todo su representar ny
son uerdaderas comedias, ny uerdaderas Tragedias, mesclando
Reyes con uillanos, [481] no por que assy lo lleua la materia, mas
empuxan dentro al uillano para representar una parte en materias
de magestad, no por uia decente ny discreta: [482] de manera que
ny la admiraçion ny comiseracion, ny el uerdadero regozijo por
su mestisa y bastarda tragicomedia [483] no se alcança. Se que Apu-
leyo hiso algo assi, mas aquello es recontado con espaçio de tiempo,
no representado en un momento. y se que los antiguos tienen
uno, o dos exemplos de tragicomedias, como Plauto tiene el Am-
phitreya. [484] peró si bien les obseruamos hallaremos que nunca o
muy pocas uezes [485] Juntaron Cornamusas y esequias. de esta manera acontesce, que no teniendo de ueras ninguna aderechas comedia en aquella parte comica de nuestra tragedia, no tenemos
nada sino uellaqueria [486] indigna de todos los oydos castos, o alguna
estremada muestra de boueria, [487] uerdaderamente [*51v*] apta para
hazer dar carcajadas de risa y nada mas: adonde toda la traça [488]
de la comedia auia de ser llena de deleyte, como la tragedia de
ser siempre continuada en una bien crescida admiraçion. Pero
nuestros comediantes piensan que no ay ningun deleyte sin risa,
que es un yerro grande. por que sy bien la risa puede uenir con
la dilectaçion; toda uia no nasce de la delectaçion, como sy el
deleyte fuera la causa de la risa: pero bien puede una misma
cosa engendrar lo uno y lo otro Juntos. mas de suyo tienen en sy

---

[480] "absurdities" (I₁) — "desvaríos."
[481] "Clownes" (I₁). Also, below.
[482] "with neither decencie nor discretion" (I₁ᵥ).
[483] "mongrell Tragicomedie" (I₁ᵥ).
[484] *"Amphitrio"* (I₁ᵥ).
[485] "or verie daintily" (I₁ᵥ).
[486] "scurrillitie" (I₁ᵥ).
[487] "doltishnesse" (I₁ᵥ).
[488] "tract" (I₁ᵥ) — topic, invention.

mismos, como si fuera, una suerte de contrariedad. [489] por que apenas deleytamos sino en cosas que tienen una conueniencia [490] con nos otros mismos o con la naturaleça en general: la risa casi siempre uiene de las cosas mas disconuenibles y disproporcionadas a nos otros mismos [491] y ala naturaleça. la delectaçion tiene en sy una alegria o permanente o presente: la risa tiene solo unas escarneçidas cosquillas. [492] Por exemplo nos deleytamos muchissimo [493] de uer una hermosa muger y con todo esso somos lexos de ser mouidos a risa. nos reymos de las [52r] creaturas feas, [494] en que cierto no nos podemos deleytar. nos deleytamos de los accaescimientos dichosos, nos reymos de los casos desdichados. nos deleytamos de oyr la felicidad de nuestros amigos y patria, de lo qual quien quisiera reyrse, seria digno que de el mismo se reyessen. algunas uezes al Contrario nos reymos de hallar una cosa de todo mal entendida, y ir costa abaxo al reuez, [495] de la boca de algunos tales hombres por cuyo respeto nos pesara muchissimo, toda uia no podremos dexar de reyrnos de ello, y assi la risa antes nos sera pena que deleyte. con todo esso no niego yo, que no se pueden Jr bien Juntos. por que como en el retrato de Alexandro bien pintado nos deleytamos sin risa, y de mil buffonerias y locuras [496] nos reymos sin deleyte: assi Hercules pintado con su grande barba y gesto furioso uestido de muger, hilando al mandamiento de Omphale, engendra lo uno y lo otro, tanto el deleyte como la risa: por que el representar tan estraño poder del amor procura el deleyte y el escarnio [497] de la action mueue la risa. mas [52v] digolo a este proposito, que todo el fin de la parte comica, no es sobre tales materias llenas de escarnio que mueuen solamente la risa, sino en el mesclar con ella aquel enseñar deleytoso, que es el fin de la poesia. y la grande falta y yerro que ay en aquel mismo punto de la risa, y claramẽte uedado

---

[489] "...as it were a kinde of contrarietie" (I_{1v}).

[490] "conueniencie" (I_{1v}) — similarity, agreement.

[491] "commeth of thinges moste disproportioned to our selues..." (I_{1v}).

[492] "hath onely a scornfull tickling" (I_2).

[493] "wee are rauished with delight" (I_2).

[494] "deformed" (I_2).

[495] "against the byas" (I_2) — unexpected, disastrous outcome; expression derived from the game of bowls.

[496] "and in twentie madde Antiques" (I_2) — grotesque representations.

[497] "scornefulnesse" (I_2).

por aristoteles, es, que mueuen la risa en cosas de pecado, que
son mas presto abominables que ridiculas: o en cosas miserables
de que se ha de tener mas presto lastima que de escarnescerlas.
pues que cosa es haser la gente estar con la boca abierta en mirar [498]
a un miserable pobreton, y a un mendigo uillano: [499] o contra la
ley de la hospidalidad, burlarse de los forasteros por no hablar
Jngles tanto bien como nos otros? que aprendemos? pues es çierto,
*Nil habet infœlix paupertas durius in se quam quod ridiculos ho-
mines facit.* mas antes un entremetido enamorado cortesano; un
couarde amenazador Thraso; un maestro de escuela a sy solo
paresciendo Sabio; uno que anda por el mundo trãsformado al
reuez; [500] a estos sy [*53r*] les uiessemos passear como personages
enel tablado, [501] lo que representamos naturalmente, en ello seria
una risa deleytosa y un deleyte que enseña. como en lo otro, las
tragedias del Buchanano [502] Justamente produzen una diuina admiraçion. Pero he sido prodigo en gastar palabras demassiadas en
esta materia de representar; [503] lo hago por que, como son Excelentes partes dela poesia, assy no ay ninguna tan usada en Jnglaterra, y ninguna puede ser mas lastimosamente abusada: la qual
como una mal criada hiJa mostrando libertades y mala criança, [504]
causa que la honestidad de su madre la poesia se ponga en duda.
otra suerte de Poesia casi no tenemos ninguna sino aquel genero [505]
de los lyricos de cançiones y sonetos; lo qual (señor) sy nos diesse
el animo tanto bueno, [506] que bien pudiera ser empleado, y con
que celestial fructo, assi priuado como publico, en cantar las laudes
de la hermosura imortal, la bondad imortal de aquel Dios, que
nos da manos para escriuir, y entendimientos para entender: [507]
para [*53v*] lo qual bien se nos pudieran faltar las palabras mas
nunca la materia; pues no pudieramos boluer los ojos a ninguna

---

[498] "gape at" (I_{2v}).
[499] "beggerly Clowne" (I_{2v}).
[500] "a wry transformed Traueller" (I_2).
[501] "these if we saw walke in Stage names" (I_{2v}).
[502] George Buchanan.
[503] "this Play-matter" (I_{2v}) — pun lost in translation.
[504] "shewing a bad education" (I_{2v}).
[505] "kind" (I_{2v}).
[506] "which Lord, if he gaue vs so good mindes" (I_{2v}) — Cf. It. *tanto
buono.*
[507] "and wits to conceiue" (I_{2v}).

cosa, de que no se nos brotara siempre nueuas ocasiones para ello. mas en uerdad muchos de aquellos escriptos que uienen de baxo del estandarde del irresistible amor, sẏ yo fuera dama, no me persuadirian Jamas que estarian enamorados: tan friamente aplican palabras fogosas, como hombres que mas presto ayan leydo escriptos de enamorados, y assy han cogido çiertas hinchadas frases, que de tal modo cuelgan Juntas, como una uez me dixo un hombre, que el uiento estaua tramontano, poniente, y de medio dia, [508] por que queria estar seguro de nombrar hartos uientos; no que deueras sienten aquellas passiones, lo qual facilmente (como yo pienso) se puede discubrir por aquella fuerça misma o energia (como los Griegos lo llaman) del escriptor. [509] mas baste esta sy bien breue aduertençia, que nos andamos errados en el recto uso del puncto importante dela poesia.

Cap. 26. de algunos errores que de ordin.° [510]
se cometen en usando mal de algunas figuras dela diction [54r]

Agora quanto ala haz y lo exterior dela poesia, [511] que son las palabras, o (como lo puedo llamar) [512] diction, es aun bien peor; assi esta aquella meliflua y dulcissima matrona la eloquencia uestida, o antes desfraçada en una pintada affectaçion como cortesana. [513] una uez con palabras tan lexos deduzidas y deriuadas, [514] que muchas paresçen monstros, y por fuerça han de parescer forasteros a qualquier pobre Jngles: otra uez concurrer una misma letra, [515] como sy fueran obligados a seguir el methodo de un dictionario: otra ues con figuras y flores estremadamente marchitas del

---

[508] "the winde was at Northwest and by South" (I_3).

[509] "(as the Greeks call it of the writer)" (I_3).

[510] abr. — *ordinario.*

[511] "for the outside of it" (I_3).

[512] "or (as I may terme it)" (I_3).

[513] "so is it that hony-flowing Matrone *Eloquence,* apparrelled, or rather disguised, in a Courtisanlike painted affectation" (I_3).

[514] "with so farre fet words" (I_3).

[515] "with coursing of a letter (I_3) — hunting a letter for the sound effect, e.g. alliteration *concurrer,* cf. p. 40 n.

inuierno. [516] pero quisiera que esta culpa fuesse particular solo de los ucrsificos, [517] y no tuuiesse tan ampla possession entre los estampadores de prosa: y lo que es de marauillar se, entre muchos hombres de escuela, [518] y de que se ha de apiadarse, entre algunos predicadores. en uerdad desseara, sy a lo menos me fuesse licito ser tan atreuido como dessear en cosa que tanto passa el alcançe de my capacidad, que los diligentes imitadores de Tullio [54v] y Demosthenes, los mas dignos de ser imitados, no tanto guardassen libros de carta Nizoliana llenos de sus figuras y frases, [519] como por la attencion y diligençia en traduçirlos, como si fuera, los tragassen enteramente [520] y los hisiessen totalmente suyo. agora hechan azucar y speçias sobre cada plato que se pone en la mesa, semejante a estos Jndianos, no contentos de traer arracadas en el apto y conueniente lugar de sus orejas, mas passan a sus narizes y labios con Joyas que traen, [521] por que assi quieren assigurar se de ser finos y galanes. [522] Tullio quando estaua para hechar fuera a Catalina, como si fuera, [523] con un rayo de eloquençia, muchas uezes usa la figura dela repitiçion, como *Viuit et uincit, imo in senatum uenit, imo in senatū uenit; Ec.* realmente inflamado con una bien fundada rabia, queria que sus palabras, como sy fueran, saliessen dobladas de su boca, y assi hazer aquello artificiosamente, [524] que uemos hazer naturalmente los hombres estando en cholera. y nos otros hauiendo notado la graçia de estas palabras las arastra[mos] [55r] algunas ueçes para una Epistola familiar, quando seria demasiada Cholera el ser cholerico. [525] muchedumbre

---

[516] "extreemly winter-starued" (I_3).

[517] "Versefiers" (I_3).

[518] "Schollers" (I_3).

[519] Sidney's ironic reference is to the numerous compendia of rhetorical phrases circulating in Europe. One of the best known was that compiled by the Italian Marius Nizolius, *Thesaurus Ciceronianus* (1535).

[520] "as by attentiue translation, as it were, deuoure them whole" (I_{3v}).

[521] "but they will thrust Iewels through their nose and lippes" (I_{3v}) — *Assigurar,* cf. Ital. *assicurare.*

[522] "to be fine" (I_{3v}).

[523] "as it were" (I_{3v}). Also, below.

[524] i.e., with art, skill.

[525] "when it were too much choller to be chollericke" (I_{3v}) — Sidney's pun is lost in translation: *choller* can also mean "colour," elegance of style.

de *Similiter cadentes,*[526] quanto bien suenan con la grauedad del pulpito, no quisiera sino inuocar el alma de demosthenes para deçirlo, el qual con una rara delicadezza[527] los usa. de ueras me han hecho pensar del Sophistico, que con demassiada subtileza queria prouar que dos uueuos eran tres, y sẏ bien pudiera ser tenido por Sophistico, no tenia ningun uueuo por su trabajo.[528] assi estos hombres introduçiendo tal suerte de[529] eloquençia, bien pueden alcançar la opinion de una aparente finesa y elegançia,[530] mas persuadiran a pocos, que auia de ser el fin de su elegançia. Agora quanto a las similitudes, en çiertos discursos estampados, pienso que todos los herbularios, todas las historias de animales, aues, piscados, son saqueadas, para que uengan de Tropel para seruir á qualquiera de nuestros conceptos,[531] lo qual çierto es una golosina tan desuariada[532] para los oydos como puede ser. por que la fuerça [*55v*] de una similitud no siendo para prouar algo a uno que disputa lo contrario, sino solamente para aclamar y aclarar lo a uno que oye de buena gana, quando esto se ha hecho, todo lo de mas es un muẏ fastidioso charlar, antes sumiendo y disuiando ala memoria[533] fuera de aquel proposito a que fue aplicada, que no en algo informãdo al Juizio ya satisfecho, o no estando para satisfazerse con similitudes.[534] quanto a mẏ, no dudo quando Antonio y Crasso los grandes antepassados de Ciceron en eloquençia, el uno (como Ciceron atestigua de ellos) pretendio de no saber arte, el otro de no estimarla,[535] (por que con un llano sentido[536] pudiessen ganar credito de los oydos populares, lo qual credito

---

[526] The irony is directed against the excessive preoccupation with the rhythmic ending of sentences by imitators of Cicero's style.

[527] "daintinesse" (I_{3v}) — cf. Ital. *delicatezza.*

[528] "had none for his labour" (I_{3v}) — Obvious sexual pun — *uuevo.* Cf. Intr., n. 16.

[529] "such a kinde of" (I_{3v}).

[530] "of a seeming finenesse" (I_{3v}).

[531] "to waite vpon any of our conceits" (I_{3v} - [I_4]).

[532] "is as absurd a surfet" [I_4] — Sidney is attacking here the style of the Euphuists who made abundant use of similes drawn from natural history.

[533] "rather ouerswaing the memorie" [I_4].

[534] "then anie whit enforming the iudgement alreadie either satisfied, or by similitudes not to be satisfied" [I_4].

[535] "the other not to set by it" [I_4].

[536] "with a plaine sensiblenesse" [I_4].

es el passo mas çercano a la persuasion, que es [537] la principal mira
dela Oratoria) no dudo digo. si no que usaron de estas niñerias [538]
muy escassamēte, las quales quien comunementc las usa, qualquier
hombre hechara de uer, que bayla al son de su musica, y assi
sera notado del auditorio de tener mas cuenta con hablar [56r]
cosas curiosas que uerdaderas. Jndubitadamente (alomenos a my
paresçer indubitadamente) he hallado en diuersos un poco doctos
cortesanos un mas sano estilo, que en algunos professores de
letras, de lo qual no puedo conjecturar ninguna mayor causa, de
que el cortesano siguiendo lo que por practica y esperiençia halla
mas acomodado ala naturaleça, en ello (sy bien no lo sabe) haze
conforme al arte, aunque no con arte: adonde el otro usando del
arte para mostrar arte, y no la escondiendo (como en estos casos
deuiera hazer) huye dela naturaleça, y realmente abusa al arte.

Cap. 27. y ultimo de la exçe-
lencia de la lengua Inglesa, de
dos maneras que ay de uersificar, y la conclusion de este
Tratado

Mas que? me paresçe que meresco ser acoralado por discarear [539]
de la poesia ala Oratoria: pero emtrambas tienen tal afinidad
[56v] en la consideraçion delas palabras, que pienso que esta digression hara que my intento será mas cumplidamente entendido:
lo qual no es para presumir de enseñar a los poetas como auian
de hazer, sino solamente hallando a mÿ mismo infirmo entre los
demas, de mostrar una o dos manchas de la comun infeççion
nascida entre la mayor parte de los escriptores; para que reco-
nosçiēdo a nos otros mismos algo errados, nos inclinemos al recto
uso assi de la materia como de la manera. alo qual nuestra lengua
inglesa nos da grāde ocasion, siendo uerdaderamente capaz de
qualquier excelente exerçiçio de ella. Sè que algunos diran, que

---

[537] "which credit" [I₄].
[538] "knacks" [I₄].
[539] "I deserue to be poûded for straying" [I₄] — acoralado, "acorrala-
do"; discarear, descarriar, "fig. Apartarse de lo justo y razonable" (Dicc.
Ac.).

es una lengua mesclada: y por que no tanto mejor tomando lo
mejor de las otras? otro dira, que caresçe de Gramatica. antes
çierto tiene aquel loor que no la falta la gramatica; por que Gramatica bien la pudiera auer, mas no la ha menester, siendo tan
facil en sy misma, y tan libre de aquellas pesadas differençias de
casos, generos, modos, y tiempos, lo qual creo ha sido un pedaço
dela maldiçion de la Torre de Babilonia [540] [*57r*] para que un hombre uuiesse de ser embiado ala escuela para aprender a su lengua
materna. mas para exponer y declarar dulçemente y propriamẽte
el concepto del entendimiento, [541] que es el fin de la habla, en esto
se iguala con qualquier otra lengua en el mundo: y es particular-
mente dichosa en las composiciones de dos otras palabras Juntas, [542] açercando se ala Griega, mas auentaJando mucho ala latina,
que es una delas mayores lindeças, que puede hauer en una lengua.
Agora de uersificar ay dos maneras, la una antigua, la otra moderna: la antigua notaua [543] la cantidad de cada Silaba, y conforme
a esso componia su uerso: la moderna obseruando solamente el
numero, con algun respeto [544] del accento, el principal primor [545]
de ella esta en aquella semejante sonar de las palabras, que llamamos Rithmo o metro. [546] qual de estas dos sea la mas excelente,
auria mucho que dezir. la antigua sin duda es mas apta para la
musica, assi las palabras como el tiempo obseruando cantidad, y
es mas apta para [*57v*] expressar al uiuo diuersas passiones, por
el baxo y [547] altiuo son dela silaba bien ponderada. la mas moderna tambien por su rithmo y metro embia [548] una cierta musica
a los oydos; y en fin pues deleyta, aunque por otro camino, obtiene
y alcança el mismo intento, [549] auiendo dulçura en qualquiera y
no faltando magestad en ninguna de ellas. uerdaderamente la
lengua Inglesa, antes de alguna lengua uulgar, sè que es apta para

---

[540] "a peece of the Tower of *Babilons* curse" [I$_{4v}$].
[541] "the conceit of the minde" [I$_{4v}$].
[542] "in compositions of two or three words togither" [I$_{4v}$].
[543] "marked" [I$_{4v}$].
[544] "with some regard of" [I$_{4v}$].
[545] "life" [I$_{4v}$].
[546] "in that like sounding of the words, which we call Rime" (K$_1$).
[547] "or loftie" (K$_1$).
[548] "with his rime striketh" (K$_1$).
[549] "it obtaineth the same purpose" (K$_1$).

entrambas suertes [550] de poesia. por que para la antigua, la Italiana
es tan llena de uocales, que es fuerça sea siempre molestada con
las elisiones y syncopas; [551] la Tudesca ni mas ni menos dela otra
parte con consonantes, que no puede dar aquel dulce deslizar que
conuiene al uerso. El frances en toda su lenguage no tiene una
palabra que tiene el accento en la postrera silaba fuera de dos,
llamada *Ante penultima;* y poco mas tiene el español, y por esso
muy disgraciadamente [552] pueden usar delos dactilos. el Ingles no
esta sugeto a ninguno de estos difetos. agora quãto [*58r*] al Rithmo
y metro, [553] aunque no obseruamos la Cantidad, toda uia obseruamos el acento muy precisamente, lo qual otras lenguas ó no pueden,
ó no lo quieren hazer tan absolutamente. la *Cæsura,* o lugar de
respirar enel medio del uerso, ny el español ny el Italiano no lo
tienen; al françes y a nosotros casi nunca nos falta, ultimamente,
aun, al mismo Rithmo o metro [554] el Italiano no lo puede poner en
la ultima silaba, lo qual los franceses llaman el Rithmo [555] masculino, sino siempre en la proxima a la postrera, lo qual los franceses
llaman el feminino, o en la proxima antes de aquella lo qual el
Italiano llama *SDrucciola,* esdrujulo. el exemplo del primero es
Buóno, Suóno, [556] del esdrujulo es *Fémina, Sémina.* el Frances dela
otra parte tiene emtrambos, el masculino como *Bòn, Sòn,* y el feminino como *Pláise, Táise,* mas al esdrujulo no lo tiene. adonde el
Ingles tiene todos tres como *Dúe, trúe,* [557] *Fáther, Ráther; mótion
pótion,* y mucho mas que se puede dezir [*58v*] sino que ya hallo,
que las niñerias [558] de este discurso son mucho demasiado alarga-
das. de manera que, pues la siempre loable poesia esta llena del
deleyte que engendra la uirtud y no es uazia ni falta de ningun
don que deue ser en el noble nombre de doctrina; pues las culpas
con que la tachan o son falsas o flacas; pues la causa por que no

---

[550] "sorts" (K₁).
[551] "combred with *Elisions*" (K₁).
[552] "gracelesly" (K₁).
[553] "Now for Rime" (K₁).
[554] "Rime" (K₁).
[555] "Rime" (K₁).
[556] Accents in the Italian, French, and English words added by
translator.
[557] "*Du, Trew*" (K₁ᵥ).
[558] "triflings" (K₁ᵥ).

se estima en Inglaterra es culpa delas monas poeticas [559] y no de
poetas; pues ultimamente nuestra lengua es la mas apta para
honrar la poesia y ser honrada por ella. a todos los que aueys
tenido la mala suerte de leer este Juguete mio de tinta perdida.
os conjuro en el mismo nombre de las nueue musas, no mas ya
de escarnesçer a los Sacros misterios dela poesia; no mas ya de
reyros del nombre de los poetas, como si fuessen los mas çercanos
herederos de los locos; no mas ya de burlaros del reuerendo titulo
del trobador: [560] Sino de creer con Aristoteles que fueron los antiguos tesoreros de la Theologia Griega; [561] de creer con Bembo
que fueron los primeros acarreadores de toda Çiuilidad [59r] de
creer con Scaligero que los preceptos de ningun filosofo, os podra
hazer mas presto hombres de bien que la lectura de Virgilio; de
creer cõ Chaucero [562] el que traduxo a Cornuto. que la celestial
deidad fue seruido por Hesiodo y Homero de baxo del uelo delas
fabulas. de darnos todas las Scienças, Logica, Rethorica, Filosofia
natural y moral, y *quid non?* de creer con migo que ay muchos
misterios contenidos en la poesia, que aposta [563] fueron escriptos
oscuramente, para que no fuessen abusados por los entendimientos [564] profanos; de creer cõ Landino [565] que son tan amados delos
dioses, que qualquiera cosa que escriuen procede de una furia
diuina; ultimamente, de creer a ellos mismos quando os diçen
que os haran imortales por sus uersos. haziendo esto, uuestros
nombres floresceran en las tiendas de los estampadores; haziendo
esto, sereis emparentados con muchos proemios [566] poeticos; haziendo esto, sereis los mas hermosos, los mas ricos, los mas sabios,
lo mas todo, habitareis sobre superlatiuos; haziendo [59v] esto,
aunque seays *libertino patre natus,* uendreys de repente a ser,
Herculea proles, si quid mea carmina possunt; haziẽdo esto, uuestras almas seran colocadas con la Beatriz del Dante, o con el

---

[559] "Poet-apes" (K_{1v}).
[560] "Rimer" (K_{1v}).
[561] "Grecians diuinitie" (K_{1v}).
[562] for *"Clauserus"* (K_{1v}) — See Intr.
[563] "of purpose" [K_2] — cf. Ital. *apposta.*
[564] "wits" [K_2].
[565] *"Landin"* [K_2] — Cristoforo Landino (1424-1504), a commentator
of Dante.
[566] "Preface" [K_2].

Anchises de Virgilio. Pero (quita de ay tal pero) sy sois nascidos
tan cerca del Cataracto de Nilo que os aturde[567] de tal manera
que no podeis oyr la musica, como de planetas,[568] de la poesia;
sẏ teneis a uuestros animos tan metidos enel suelo[569] que no se
pueden leuantar ny alçarse para mirar el cielo dela poesia, o antes
por un çierto rustico desden quereis uenir a ser tales tontos como
el ser unos momos de la poesia:[570] entonçes aunque no quiero
dessear os las oreJas asnales de Midas; ny ser forçados con los
uersos de algun Poeta. como fue Bubonax[571] de ahorcarse; ny de
ser trobados a muerte con uersos, como se diçe auerse hecho
en Irlanda;[572] toda uia esto tanto de maldiction es menester que
os embie de parte de todos los poetas, que toda uuestra uida esteys
enamorados y nunca al- [60r] cançeys ningun fauor por falta de
no saber un Soneto,[573] y quando os murais, que uuestras memorias
mueran de la tierra, por falta de

un Epitaphio   [60v]

---

[567] "so neare the dull-making *Cataract* of *Nilus*" [K₂] — *Catarata,* in
Covarrubias and *Vocabulario de Cervantes.*
[568] "the Planet-like Musicke" [K₂].
[569] "if you haue so earth-creeping a mind" [K₂].
[570] "such a mome, as to bee a *Momus* of *Poetrie*" [K₂] — the pun is
lost in the translation: *mome,* a fool; *Momus,* god of ridicule and sharp
criticism; fault-finder.
[571] "*Bubonax* [K₂] — for Bupalus, ancient sculptor.
[572] "nor to be rimed to death" [K₂] — rhymed spells were believed to
have such a power in Ireland against rats.
[573] "for lacking skill of a Sonet" [K₂].

NORTH CAROLINA STUDIES IN THE ROMANCE LANGUAGES AND LITERATURES

I.S.B.N. Prefix 0-8078-

Recent Titles

THE SIGNIFICANCE OF DIDEROT'S "ESSAI SUR LE MERITE ET LA VERTU," by Gordon B. Walters. 1971. (No. 112). -912-X.

PROPER NAMES IN THE LYRICS OF THE TROUBADOURS, by Frank M. Chambers. 1971. (No. 113). -913-8.

STUDIES IN HONOR OF MARIO A. PEI, edited by John Fisher and Paul A. Gaeng. 1971. (No. 114). -914-6.

DON MANUEL CAÑETE, CRONISTA LITERARIO DEL ROMANTICISMO Y DEL POS-ROMANTICISMO EN ESPAÑA, por Donald Allen Randolph. 1972. (No. 115). -915-4.

THE TEACHINGS OF SAINT LOUIS. A CRITICAL TEXT, by David O'Connell. 1972. (No. 116). -916-2.

HIGHER, HIDDEN ORDER: DESIGN AND MEANING IN THE ODES OF MALHERBE, by David Lee Rubin. 1972. (No. 117). -917-0.

JEAN DE LE MOTE "LE PARFAIT DU PAON," édition critique par Richard J. Carey. 1972. (No. 118). -918-9.

CAMUS' HELLENIC SOURCES, by Paul Archambault. 1972. (No. 119). -919-7.

FROM VULGAR LATIN TO OLD PROVENÇAL, by Frede Jensen. 1972. (No. 120). -920-0.

GOLDEN AGE DRAMA IN SPAIN: GENERAL CONSIDERATION AND UNUSUAL FEATURES, by Sturgis E. Leavitt. 1972. (No. 121). -921-9.

THE LEGEND OF THE "SIETE INFANTES DE LARA" (Refundición toledana de la crónica de 1344 versión), study and edition by Thomas A. Lathrop. 1972. (No. 122). -922-7.

STRUCTURE AND IDEOLOGY IN BOIARDO'S "ORLANDO INNAMORATO," by Andrea di Tommaso. 1972. (No. 123). -923-5.

STUDIES IN HONOR OF ALFRED G. ENGSTROM, edited by Robert T. Cargo and Emmanuel J. Mickel, Jr. 1972. (No. 124). -924-3.

A CRITICAL EDITION WITH INTRODUCTION AND NOTES OF GIL VICENTE'S "FLORESTA DE ENGANOS," by Constantine Christopher Stathatos. 1972. (No. 125). -925-1.

LI ROMANS DE WITASSE LE MOINE. Roman du treizième siècle. Édité d'après le manuscrit, fonds français 1553, de la Bibliothèque Nationale, Paris, par Denis Joseph Conlon. 1972. (No. 126). -926-X.

EL CRONISTA PEDRO DE ESCAVIAS. Una vida del Siglo XV, por Juan Bautista Avalle-Arce. 1972. (No. 127). -927-8.

AN EDITION OF THE FIRST ITALIAN TRANSLATION OF THE "CELESTINA," by Kathleen V. Kish. 1973. (No. 128). -928-6.

MOLIÈRE MOCKED. THREE CONTEMPORARY HOSTILE COMEDIES: Zélinde, Le portrait du peintre, Élomire Hypocondre, by Frederick Wright Vogler. 1973. (No. 129). -929-4.

C.-A. SAINTE-BEUVE. Chateaubriand et son groupe littéraire sous l'empire. Index alphabétique et analytique établi par Lorin A. Uffenbeck. 1973. (No. 130). -930-8.

THE ORIGINS OF THE BAROQUE CONCEPT OF "PEREGRINATIO," by Juergen Hahn. 1973. (No. 131). -931-6.

THE "AUTO SACRAMENTAL" AND THE PARABLE IN SPANISH GOLDEN AGE LITERATURE, by Donald Thaddeus Dietz. 1973. (No. 132). -932-4.

When ordering please cite the ISBN Prefix plus the last four digits for each title.

Send orders to: University of North Carolina Press
Chapel Hill
North Carolina 27514
U. S. A.

NORTH CAROLINA STUDIES IN THE ROMANCE LANGUAGES AND LITERATURES

I.S.B.N. Prefix 0-8078-

Recent Titles

FRANCISCO DE OSUNA AND THE SPIRIT OF THE LETTER, by Laura Calvert. 1973. (No. 133). -933-2.

ITINERARIO DI AMORE: DIALETTICA DI AMORE E MORTE NELLA VITA NUOVA, by Margherita de Bonfils Templer. 1973. (No. 134). -934-0.

L'IMAGINATION POETIQUE CHEZ DU BARTAS: ELEMENTS DE SENSIBILITE BAROQUE DANS LA "CREATION DU MONDE," by Bruno Braunrot. 1973. (No. 135). -934-0.

ARTUS DESIRE: PRIEST AND PAMPHLETEER OF THE SIXTEENTH CENTURY, by Frank S. Giese. 1973. (No. 136). -936-7.

JARDIN DE NOBLES DONZELLAS, FRAY MARTIN DE CORDOBA, by Harriet Goldberg. 1974. (No. 137). -937-5.

MYTHE ET PSYCHOLOGIE CHEZ MARIE DE FRANCE DANS "GUIGEMAR", par Antoinette Knapton. 1975. (No. 142). -942-1.

THE LYRIC POEMS OF JEHAN FROISSART: A CRITICAL EDITION, by Rob Roy McGregor, Jr. 1975. (No. 143). -943-X.

THE HISPANO-PORTUGUESE CANCIONERO OF THE HISPANIC SOCIETY OF AMERICA, by Arthur Askins. 1974. (No. 144). -944-8.

HISTORIA Y BIBLIOGRAFÍA DE LA CRÍTICA SOBRE EL "POEMA DE MÍO CID" (1750-1971), por Miguel Magnotta. 1976. (No. 145). -945-6.

LES ENCHANTEMENZ DE BRETAIGNE. AN EXTRACT FROM A THIRTEENTH CENTURY PROSE ROMANCE "LA SUITE DU MERLIN", edited by Patrick C. Smith. 1977. (No. 146). -9146-0.

THE DRAMATIC WORKS OF ÁLVARO CUBILLO DE ARAGÓN, by Shirley B. Whitaker. 1975. (No. 149). -949-9.

A CONCORDANCE TO THE "ROMAN DE LA ROSE" OF GUILLAUME DE LORRIS, by Joseph R. Danos. 1976. (No. 156). 0-88438-403-9.

POETRY AND ANTIPOETRY: A STUDY OF SELECTED ASPECTS OF MAX JACOB'S POETIC STYLE, by Annette Thau. 1976. (No. 158). -005-X.

FRANCIS PETRARCH, SIX CENTURIES LATER, by Aldo Scaglione. 1975. (No. 159). STYLE AND STRUCTURE IN GRACIÁN'S "EL CRITICÓN", by Marcia L. Welles, 1976. (No. 160). -007-6.

MOLIERE: TRADITIONS IN CRITICISM, by Laurence Romero. 1974 (Essays, No. 1). -001-7.

CHRÉTIEN'S JEWISH GRAIL. A NEW INVESTIGATION OF THE IMAGERY AND SIGNIFICANCE OF CHRÉTIEN DE TROYES'S GRAIL EPISODE BASED UPON MEDIEVAL HEBRAIC SOURCES, by Eugene J. Weinraub. 1976. (Essays, No. 2). -002-5.

STUDIES IN TIRSO, I, by Ruth Lee Kennedy. 1974. (Essays, No. 3). -003-3.

VOLTAIRE AND THE FRENCH ACADEMY, by Karlis Racevskis. 1975. (Essays, No. 4). -004-1.

THE NOVELS OF MME RICCOBONI, by Joan Hinde Stewart. 1976. (Essays, No. 8). -008-4.

FIRE AND ICE: THE POETRY OF XAVIER VILLAURRUTIA, by Merlin H. Forster. 1976. (Essays, No. 11). -011-4.

THE THEATER OF ARTHUR ADAMOV, by John J. McCann. 1975. (Essays, No. 13). -013-0.

AN ANATOMY OF POESIS: THE PROSE POEMS OF STÉPHANE MALLARMÉ, by Ursula Franklin. 1976. (Essays, No. 16). -016-5.

LAS MEMORIAS DE GONZALO FERNÁNDEZ DE OVIEDO, Vols. I and II, by Juan Bautista Avalle-Arce. 1974. (Texts, Textual Studies, and Translations, Nos. 1 and 2). -401-2; 402-0.

When ordering please cite the ISBN Prefix plus the last four digits for each title.

Send orders to: University of North Carolina Press
Chapel Hill
North Carolina 27514
U. S. A.

NORTH CAROLINA STUDIES IN THE
ROMANCE LANGUAGES AND LITERATURES

I.S.B.N. Prefix 0-8078-

Recent Titles

When ordering please cite the *ISBN Prefix* plus the last four digits for each title.

Send orders to: University of North Carolina Press
                   Chapel Hill
                   North Carolina 27514
                   U. S. A.